메타버스와 함께 가는
문화예술교육

김태희·이승환 지음

다빈치 books

메타버스와 함께 가는 문화예술교육

초판 1쇄 인쇄	2022년 5월 23일
초판 1쇄 발행	2022년 6월 1일

저자	김태희, 이승환
기획	변문경
책임편집	문보람
디자인	디자인 다인

펴낸곳	다빈치 books
출판기획	㈜메타유니버스 www.metauniverse.net
출판등록일	2011년 10월 6일
주소	서울특별시 마포구 월드컵북로 375
팩스	0504-393-5042
콘텐츠 및 강연 관련 문의	curiomoon@naver.com

* 이미지 리소스: ShutterStock의 정식라이선스를 사용하였습니다.

ISBN : 979-11-86742-75-4

* 파본은 구입하신 곳에서 교환해 드립니다.
* 본 책의 본문의 일부를 인용하는 경우에는 반드시 참고도서로 본 책의 제목과 출판사를 기재해주시기 바랍니다.
* 저자의 강연 요청은 이메일을 통해서 가능합니다.

메타버스와 함께 가는 문화예술교육

김태희·이승환 지음

다빈치 books

들어가며

4차산업혁명의 집약적 생태계로 여겨지는 메타버스(Metaverse: Meta 가상·초월 과 Universe 세계·우주의 합성어)는 세계 사회·경제·문화 전 영역에서 새로운 디지털 네트워크로 진보하고 있습니다. 메타버스는 오래전부터 존재해오던 개념으로, 역사적으로는 적용 범위, 기술 기반, 경제활동 등 다양한 측면에서 차이가 있으며 최근에는 비대면의 일상화, MZ세대의 부상, 가상 경제에 관한 관심 증가로 더욱 주목받는 추세입니다. 특히 팬데믹의 장기화가 메타버스 플랫폼과 콘텐츠의 고도화를 촉진하면서 글로벌 기업과 정책, 산업 전반의 트렌드와 빠르게 결합하고 있습니다.

메타버스에는 다양한 범용 기술이 복합적으로 적용되어 구현되는데, 가상융합 (eXtended Reality, XR) 기술, 데이터(Data) 기술, 네트워크(Network) 기술, 인공지능(Artificial Intelligence, AI) 기술 등이 대표적입니다. 그중 가상융합(XR) 기술은 2030년 약 1,700조 원의 시장을 창출할 것으로 전망되고, 최근 메타버스와 결합 중인 블록체인 기반의 NFT(Non-fungible Token, 대체 불가능한 토큰) 기술도 주목할만한 부분입니다.

메타버스는 국가적으로도 중요한 의제입니다. 우리나라는 '한국형 뉴딜 사업 2.0' 가운데 메타버스를 초연결 신산업 육성 방안에 포함하여 관련 부처의 메타버스 지원 정책이 강화되고 있습니다. 특히 메타버스의 중요한 구성 요소인 콘텐츠 개발과 다양한 방식의 문화 향유, 새로운 산업 동력 창출을 위하여 관련 입법과 정책 사업도 다음과 같이 추진 중입니다.[1]

·문화예술 분야의 디지털 전환 지원 및 산업 활성화를 위한 정책 및 입법 추진 중.
·관련 콘텐츠 활성화를 위해 저작재산권 법 개정이 이루어졌으며 인공지능이 제작한 창작물의 저작권 보호 여부를 논의 중.
·저작권법 전면 개정이 추진되고 있음. 인공지능 등 기술 발전을 도모하고 디지털 관련 용어를 도입하여 실시간·양방향 송신 행위를 모두 포섭, 법적 지위를 명확히 하는 내용이 포함됨.

이와 같이 메타버스는 성장 동력의 핵심이 상상력, 창의성과 같은 문화예술의 영역과 맞닿아 있고, 궁극적으로는 교육을 통해 예술적 상상력, 기술적 상상력을 가진 인재를 키우는 것의 중요성에 정책과 산업 모두 이견이 없는 상황입니다. 메타버스 문화예술교육은 이를 모두 아우르는 교육으로서, 메타버스를 활용하기도 하고 메타버스를 사유하기도 하는 창조적 교육으로 주목받고 있습니다.

그렇지만 메타버스 산업 영역에서 예술을 활용하거나 엔터테인먼트에서 메타버

---

1) 신용우(2021). "문화 분야 디지털 전환 관련 법제도 동향과 시사점". 한국문화정보원.

스를 활용하는 것은 일반 예술 영역에서 메타버스를 대하는 것에 비해 온도 차가 큰 편입니다. 2020년 기준 전 세계 NFT 시장 내 예술품 거래 규모는 1,295만 달러로 전체에서 두 번째로 많아 새로운 투자처로서 NFT 미술품이 관심을 받고 있습니다.[2] 메타버스 플랫폼인 '게더타운'과 '제페토' 등에서 열리는 다양한 패션쇼, 영화제, 연예인 팬덤 행사 또한 수십만 명이 방문하고 참여하는 하나의 이벤트 문화로 자리 잡았습니다. 2020년 4월 서울시향이 제작한 'VR 오케스트라'가 유튜브에 공개되어 관심을 받았고, 한국예술종합학교의 '허수아비 H'와 같은 이머시브형 메타버스 공연이 개발되고 호평을 얻었지만, 여전히 시도가 쉽지 않습니다.

교육 영역에서는 ICT 교육, AI 교육과 연계하여 2022년 310종의 AI 학습용 데이터를 구축하기 위해 5,797억 원의 예산을 편성하는 등 다양한 정책 지원이 진행되고 있지만, 창의성·상상력·예술성보다는 기술 기반 교육에 집중되어 있는 상황입니다. 한국무역협회는 2025년 세계 에듀테크 시장 규모가 현재보다 약 2배가량 증가한 3,420억 달러 수준으로 성장할 것이라 예상합니다. 그러나 메타버스 문화예술교육은 그 필요성과 중요성에 비해 매우 소극적인 접근에 머물러 있습니다.

특히 정책과 지원 사업의 기본이 되는 연구를 살펴보면, 메타버스의 문화예술 결합과 발전 속도에 비해 문화예술 학계의 관심과 대응 속도는 아쉬운 상황입니다. 국내 최대 학술 데이터베이스 사이트인 디비피아(DBpia) 연구 키워드 분석 결과, 2021년 하반기 기준 '메타버스 교육' 관련 연구는 35건, '메타버스 예술' 관련 연구는 16건으로 나타났습니다. 그 연구 주체를 살펴보면 주로 교육 영역의 학술기관에서 발행

---

2) 김범수(2021.6.13.). "메타버스 '질주'…예술·게임 산업도 '탄력'". 세계일보.

한 연구논문이며, 문화예술 영역에서 진행한 연구는 전혀 없는 상황입니다.

이렇듯 문화예술교육 관련 기관의 정책 전문가와 행정가, 문화예술 교육가, 학부모 등 다양한 관계자들의 메타버스에 관한 궁금증은 커지는 데 비해 정보와 담론 공유는 부족하다 보니 일부에서는 본능적으로 새로운 기술과 현상에 두려움과 거부감을 느끼기도 합니다. 이해를 하기도 전에 생겨난 부정적 정서는 제대로 된 정책이나 교육을 계획하는 데 큰 방해 요소가 될 수밖에 없을 것입니다.

이 책은 결국 메타버스와 함께 가는 문화예술교육에 관한 기초연구를 기반으로 하여 새로운 패러다임에서 오는 거리감을 줄이고 정책과 현장 프로젝트 전반에 참고가 되고자 하는 데 가장 큰 목적이 있습니다.

메타버스가 짧은 시간 동안 세계적으로 상상력과 확장성에 기반한 창조적 예술의 매체이자 시공간을 초월하는 교육의 장으로 성장하고 활용되었다는 점에 집중하여 메타버스의 개념과 현상, 사례 등을 충분히 검토하고 문화예술교육과의 접합점 및 의제, 제언을 분석 및 도출하는 기초이론서의 역할에 충실하고자 합니다.

플랫폼의 성장 패턴(생태계 구축 → 콘텐츠 고도화 → 수익 모델 강화 → 플랫폼 카테고리 확장) 가운데 메타버스는 현재 생태계 구축 및 콘텐츠 고도화 진입 단계라고 볼 수 있습니다. 그러므로 가설과 검증에 의한 선행 연구가 부족한 상황을 고려하여 국내외 다양한 수치적 데이터를 기반으로 한 메타버스의 현상과 실재를 살펴봄과 동시에, 국내외 메타버스 예술 및 교육과 관련된 다양한 분야의 전문가(정책 책임자, 기획자, 예술가, 예술 교육가, 학교 교사)의 FGI 인터뷰 및 자문을 통해 더욱 전문적인 내용을 제시하고자 하였습니다.

또 메타버스는 문화예술교육보다 상위 영역인 '예술'과 '교육' 각각의 영역으로 진행된 연구 사례가 더 많은 만큼 예술과 교육 영역의 메타버스 정책과 연구, 사례 등을 먼저 살펴보고 문화예술교육에서 보는 개념과 의제 등을 순차적으로 기술했습니다.

무엇보다 책 전반에서 메타버스 문화예술교육에 관해 균형적·창의적·포괄적 시선을 유지하고 접근하고자 심혈을 기울였습니다. 메타버스 문화예술교육은 기술과 예술, 교육이 어우러진 영역인 만큼 모든 부분에서 균형을 잡는 것은 어려운 일입니다. 하지만 예술만을 중심에 두면 현실적 필요나 사회현상에서 유리될 수 있고, 기술 교육이나 직업 체험에 중심을 두면 인간과 예술이 수단화하거나 개인보다 산업을 우선시할 수 있다는 우려를 최대한 참고하였습니다.

더불어 메타버스가 워낙 수많은 요소에 의해 영향을 받고, 현재도 변화 속에 있으므로 단기적이거나 단일 측면에서 성급한 정의나 정리를 내리지 않도록 유의하면서 오류를 최소화하기 위해 힘썼습니다. 아울러, 기존의 전통적 문화예술교육의 틀을 넘어 메타버스의 생태계적 특성을 반영하고자 도전적 노력을 하였습니다. OECD에서 "전통적인 교육에서는 교육이 하나의 독립적 시스템으로 존재했지만 '뉴노멀' 시대에는 교육이 큰 생태계 시스템의 일부로 존재한다"라는 것을 이미 전제하였고, 다양한 연구 분석 및 전문가 제언을 통해 메타버스가 하나의 도구나 공간, 영역이 아닌 생태계임을 확인하고 있습니다.

지금까지는 메타버스 문화예술교육을 다양한 예술 교육 장르나 영역 중 하나로 바라보는 시선이 대부분이었습니다. 하지만 본 책에서는 오히려 시공간을 뛰어넘어 문화예술교육 서비스 전반에 관여할 수밖에 없는 뉴노멀(New Normal) 생태계

시스템의 한 축으로서 메타버스 문화예술교육을 살펴봅니다.

　그러니 만약 메타버스 플랫폼이나 도구를 활용하는 단순한 예술 교육 활동에 참고하기 위해 이 책을 펼쳤다 하더라도 책을 덮을 즈음에는 교육 프로그램뿐 아니라 문화예술 기관과 교수자·학습자, 기존의 악기와 도구 체계, 전시·공연과 같은 발표와 공유, 그것에 이어 유통과 크리에이터 경제까지, 모든 과정이 메타버스라는 한 몸체 속에서 거대하게 움직이는 것을 바라볼 수 있게 그 시야와 한계가 확장될 것으로 기대합니다.

　책의 제1장에서는 먼저 메타버스와 관련한 선행 연구 조사 및 분석을 통해 메타버스의 개념과 발전 배경, 유형과 특성을 분석하고 주요 메타버스 플랫폼과 콘텐츠, 산업과 경제 전반의 활용 및 국내외 메타버스 관련 정책을 살펴봅니다.

　제2장에서는 메타버스의 내용 전반을 토대로 예술과 메타버스, 교육과 메타버스 각 영역의 연결점을 정책적 배경과 동향 그리고 국내외 사례들을 바탕으로 알아봅니다.

　제3장에서는 제1장, 제2장의 내용을 바탕으로 '메타버스 문화예술교육'의 개념과 범주, 역할 등을 분석하고 뉴노멀의 생태계로서 메타버스 문화예술교육에 관한 주요 의제와 함께 정책과 현장에 활용할 수 있는 기초 제언을 도출합니다.

　본 책에서 사용된 용어들은 다음과 같은 개념과 범주로 사용되고 있습니다.

　'메타버스 문화예술교육'이라는 용어는 산업과 사회 전반에 걸쳐 메타버스에 관한 관심이 커지면서 '메타버스 경제(메타버스+경제)', '메타버스 게임(메타버스+게임)' 등과 같이 자연발생적으로 사용하게 된 합성어입니다. 2020년부터 문화예술 공공지원 사업, 특히 코로나19로 인한 ▲ 비대면 문화예술교육, ▲ 기술 융복합 문화예술교육 영역에서 가장 활발히 사용되고 있습니다.

[그림 1] 메타버스 문화예술교육의 일반적 개념 모형

'메타버스 문화예술교육'은 사회현상(혹은 영역)인 '메타버스'와 '문화예술교육'을 접목한 통사적 합성어(Compound Word)이므로 학술 용어나 전문 용어(Technical Terminology)로 분석하기보다 일반적인 합성어로서 사전적 개념 정의와 함께 조사, 분석한 내용을 바탕으로 살펴보고자 합니다. 각 단어의 사전적 의미에 따르면 '메타버스'는 현실과 상호작용하거나 현실의 사회적·경제적 활동을 영위할 수 있는 가상 또는 초월 세계(심임보, 2021[3]; 서성은, 2008[4])이고, '문화예술'은 사회와 사회구성원의 삶의 양식이자 상상력의 표현(UNESCO, 2005[5]; 오율자, 2010[6])이며, '교육'

---

3) 심임보(2021). "인공지능 기술과 메타버스 생태계". 2021년 대한민국 4차산업혁명 페스티벌 콘퍼런스.

4) 서성은(2008). "메타버스 개발동향과 발전전망 연구". 한국 HCI학회 학술대회.

5) UNESCO(2005). "Convention on the Protection and Promotion of the Diversity of Cultural Expression".

6) 오율자(2010). "예술에 있어서 상상력의 근원". 『움직임의 철학: 한국스포츠무용철학회지』. 18권 1호.

은 개인이나 집단이 가진 지식, 기술, 가치관 등에 긍정적 영향을 주는 모든 행위와 경험[7]을 각각 의미합니다.

즉, '메타버스 문화예술교육'은 위 3가지 영역의 교집합으로서, 일반적인 합성어의 개념 정의 방법에 따라 '현실과 긴밀히 연결된 가상세계에서 이루어지는 삶의 양식 및 창조적 표현에 긍정적 영향을 주는 모든 활동'이라 할 수 있습니다.

본 책에서 다루는 **'문화예술교육'** 범주는 학교 내 음악, 미술과 같은 예술 교과목보다 문화체육관광부 및 문화예술 기반시설, 전국문화재단, 예술 단체 등 주로 문화예술 공공서비스 영역의 문화예술교육을 주 대상으로 삼고 있습니다. 이는 저자가 교육 전공이 아닌 예술 전공의 예술가이자 예술 교육가이고, 본 책의 시작이 된 경기문화재단의 '메타버스와 함께 가는 문화예술교육 연구' 또한 교육계 관점과 비교해 현저히 부족한 문화예술계 관점에서 주제를 논의하기 위한 것이기 때문입니다. 따라서 학교를 넘어 생애 주기 속 공공 문화예술교육 전반을 살펴보는 데 의의가 있습니다.

본 책에서 말하는 **'예술 교육가'**는 위의 '문화예술교육' 범주에 따라 이 같은 활동을 수행하는 전문가로서, 예술 교과 교원보다는 예술 전공자 및 예술가 가운데 예술 교육 활동에 능동적·전문적·지속적으로 관여하는 이들을 모두 포함합니다.

여기서 '예술 교육가'로 지칭하는 데에는 다음과 같은 명확한 이유가 있습니다. 우선, 학교 문화예술 강사에서 시작해 공공 문화예술교육 전반에 걸쳐 사용되고 있는

---

7) Kneller, G. F.(1971). 『Introduction to the Philosophy of Education』. Simon&Schuster.

'예술 강사'라는 용어의 '강사'라는 말이 '위탁을 받아 교육을 수행하는 사람'을 의미한다는 수동적·소극적 한계를 지니고 있기 때문입니다. 학교 예술 강사 사업에서는 학교의 위탁을 받기에 한정적으로 사용될 수 있으나, 최근 공공 문화예술교육 속 인적 자원은 예술성을 기반으로 연구와 교육 운영, 교수 역량까지 스스로 갖추는 방향으로 혁신하고 있습니다. 즉, 위탁 수행에 머무는 '예술 강사'는 현재 예술 교육에 관여하는 모든 이들을 포괄하는 데 적합한 용어로 보기 어려우므로, 그 능동성과 전문적 역할을 인정하는 용어로서 정치가·행정가·사업가와 같이 '예술 교육가(혹은 예술 교육자)'로 확장하여 사용하였습니다.

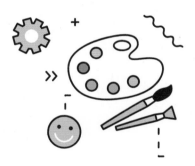

Contents

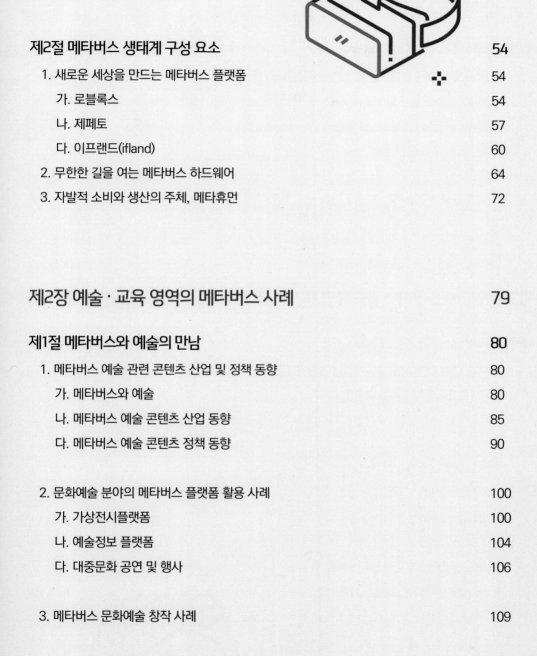

"히로는 스트리트에 다가서고 있다.
스트리트는 메타버스의 브로드웨이이자 샹젤리제다.
그곳은 컴퓨터가 조그맣게 거꾸로 만든 화면을
고글 렌즈에 쏘아 만든 모습으로, 불이 환하게 밝혀진 큰길이다.
실제로 존재하는 곳은 아니다.
하지만 바로 지금 수백만 명의 사람들이 그 거리를 이리저리 오가는 중이다.
스트리트의 규모는 규약으로 정해져 있는데, 그 규약은 '세계 컴퓨터 멀티미디어 규약
협의체'에 속한 대가들이 모여 힘들게 정했다.
스트리트는 엄청난 규모의 길로 길이는 반지름이 1만km가 넘는
검은 구체의 적도만큼 된다.
정확히 말하면 6만 5,536km로 지구의 둘레보다도 상당히 길다."

―『스노 크래시』 1(Snow Crash 1) 중에서.
닐 스티븐슨(Neal Stephenson). 1992. 문학세계사.

※공상과학소설 『스노 크래시』는 '메타버스', '아바타', '세컨드라이프' 등 새로운 세계에 관한 용어와 개념들을 태동시킨 작품으로 수많은
IT CEO와 개발자들에게 창조적 영감이 되었음.
※『스노 크래시』가 소설로 출간된 1992년, 애플이 출시한 매킨토시 클래식의 사양은 9인치 흑백 모니터에 메모리 4Mb(사진이 한 장 담기
는 크기)였고, 영국 통신사 보다폰은 최초로 문자 메시지 발송 테스트에 성공, 한국은 삐삐(무선호출기)의 전성시대였음.

메타버스의 정의와 실재

1. 메타버스 개념과 발전 배경

가. 개념 및 요소

인터넷의 뒤를 잇는 새로운 시대의 미래상으로 메타버스가 부상하고 있습니다. 페이스북에서 사명을 바꾼 메타(Meta)와 에픽게임즈, 엔비디아 등 디지털 생태계를 견인하는 글로벌 IT 기업들이 모두 메타버스에 주목하고 있는데, 이 기업들은 메타버스를 '인터넷의 다음 버전(Next Version of Internet)', '인터넷의 후계자'로 명명하며 새로운 혁신의 시대를 준비 중입니다.

[그림 1-1-1] 메타버스 관련 주요 언급

EPIC GAMES	The Economist	NVIDIA	∞ Meta
" 메타버스는 인터넷의 다음 버전 Next version of internet " (Epic games CEO, 팀스위니, 2020. 7월)	" 메타버스가 오고 있다 The Metaverse is coming " (Economist 지, 2020.10월)	" 메타버스가 오고 있다 The Metaverse is coming " (NVIDIA CEO 젠슨 황, 2020.10월)	" 메타버스는 인터넷의 후계자, Facebook을 SNS기업에서 메타버스 기업으로 전환 " (Meta CEO 마크주커 버그, 2021.7월)

자료: SW정책연구소(2021). '로그인 메타버스: 인간×공간×시간의 혁명' 보고서 재구성.

메타버스는 '초월'을 뜻하는 그리스어 메타(Meta)와 '세상', '우주'를 뜻하는 유니버스(Universe)의 합성어로, 1992년 닐 스티븐슨(Neal Stephenson)이 저술한 SF소설 『스노 크래시(Snow Crash)』에서 처음 사용된 용어입니다. 글로벌 메타버스 선도기업 중 하나인 유니티(Unity)의 CEO 존 리치티엘로(John Riccitiello)는 "메타버스는 다양한 사람들이 운영하는 공간 속을 서로 방문하며 살아가는 일종의 소우주 같은 것이 될 것"이라고 말했습니다. 물리적인 지구와 함께 다양한 가상 행성들이 존재하고, 사람들은 이 행성들을 오가며 살아가게 된다는 의미입니다. 이 가상 행성들이 무수히 많이 존재하고 또 연결되어 있어 이를 소우주라고 표현했습니다. 인간의 창의적인 생각이 가상융합(eXtended Reality, XR) 기술, 데이터(Data) 기술, 네트워크(Network) 기술, 인공지능(Artificial Intelligence, AI) 기술과 융합해 다양한 가상의 행성들을 만들고, 이들 간의 교류에서 새로운 가치가 창출되는 것입니다.

사람들의 창의력은 인공지능, 가상융합 등 다양한 기술과 융합해 가상 행성들을 계속해서 만들어왔고, 앞으로도 새로운 가상 행성들이 계속 만들어질 것이며, 생성된 많은 가상 행성들은 서로 연결되며 다양한 가치가 창출될 것입니다. 메타버스는 수많은 가상 행성들의 집합체인 '디지털 우주'라고 볼 수 있습니다.

[그림 1-1-2] 창조의 축과 메타버스

자료: Pillars of Creation(Photo credit: TiAnn, a Metaverse Community member). SPRi 재구성.

[그림 1-1-3] 메타의 메타버스 정의

What Is the Metaverse? ∞ Meta

The "metaverse" is a set of virtual spaces where you can create and explore with other people who aren't in the same physical space as you. You'll be able to hang out with friends, work, play, learn, shop, create and more. It's not necessarily about spending more time online — it's about making the time you *do* spend online more meaningful.

자료: https://about.fb.com/news/2021/09/building-the-Metaverse-responsibly/

2021년 10월, 페이스북은 사명을 '메타(Meta)'로 변경하면서 메타버스의 정의를 내리고, 새로운 미래사업 비전을 제시하였습니다. 메타(Meta)는 메타버스를 "나와 같은 물리적 공간에 있지 않은 다른 사람들과 함께 만들고 탐색할 수 있는 가상공간의 집합체"로 정의하였습니다.

마이크로소프트 CEO인 사티아 나델라(Satya Narayana Nadella)도 '이그나이트(Ignite) 2021' 콘퍼런스에서 메타버스를 언급하면서 가상과 현실 간 경계가 사라지고 있음을 강조하였습니다. 사티아 나델라는 디지털 세계와 물리적 세계가 결합하면서 메타버스라는 완전히 새로운 플랫폼 계층을 만들고 있으며, 메타버스는 현실 세계에 컴퓨팅[1]을 품게 하고 컴퓨팅에 현실 세계를 품게 함으로써 모든 디지털 공간에 실재(Real Presence)를 갖다 놓을 수 있게 해준다고 언급했습니다. 이는 결국 가상과 현실의 경계가 사라지고 있음을 의미하며, 가상과 현실이 지속적인 상호작용을 한다는 의미와 연결되어 있습니다.

---

1) 광의적으로 '컴퓨팅'은 컴퓨터 기술 자원을 개발 및 사용하는 모든 활동을 뜻함.

사티아 나델라는 우리가 이 세계를 경험하고 싶은 방식과 교류하고 싶은 상대를 선택할 수 있고, 이제 공장의 카메라 화면을 들여다보는 게 아니라 거기에 있을 수 있고, 동료와 화상회의를 하는 게 아니라 그들과 같은 방에 함께 있을 수 있다고 강조했습니다. 우리는 이제 음성과 텍스트, 영상을 주고받는 연결을 넘어 현실에서와 같이 가상공간에서 만나 다양한 사회적·경제적 활동을 한다는 것입니다.

'이그나이트 2021'에서 발표한 팀즈용 3D 아바타는 정지된 모습이 아니라 사용자 움직임과 제스처를 보여주는 애니메이션으로 구현되며, 마이크로소프트는 동료 간의 언어 장벽을 없애는 통역(Translation) 기능도 개발하고 있다고 언급했습니다. 그 일환으로 마이크로소프트는 한국 서울과 아일랜드 더블린에서 근무하는 직원이 자동 통역된 상대방 언어로 인사를 나누는 장면을 선보이기도 했습니다.

[그림 1-1-4] 3D 아바타로 소통·협업할 수 있는 '팀즈용 메시' 시연 장면

자료: 마이크로소프트 '이그나이트 2021'

메타, 마이크로소프트의 메타버스 정의에서 '가상공간의 집합체'는 결국 수많은 가상 행성들을 의미하는 '디지털 우주'와 일맥상통하며, 물리적 공간에 있지 않은 사

람들과 하는 상호작용도 위에서 정의한 의미와 연결되어 있습니다. 이를 종합하면 메타버스는 가상과 현실이 융합된 공간에서 상호작용하며, 그 속에서 다양한 가치가 창출되는 세상이라고 할 수 있습니다.[2)]

    메타버스는 구현 공간과 정보의 형태에 따라 크게 4가지 요소로 구분합니다.[3)] 첫째는 현실에 외부 환경 정보를 증강하여 제공하는 요소인 증강현실(Augmented Reality, AR)입니다. 포켓몬고와 같은 증강현실 서비스를 대표적인 사례라고 볼 수 있습니다. 둘째는 개인이나 개체가 현실 생활에서 이루어지는 정보를 통합 제공하는 라이프로깅(Life Logging) 요소입니다. 우리가 스마트 시계를 차고 오프라인에서 달리면 내가 달린 경로가 가상에 표시되고, 당시 운동 정보들도 확인할 수 있습니다. 셋째로는 가상공간에서 외부 환경 정보를 통합하여 제공하는 거울 세계(Mirror Worlds)가 있습니다. 현실과 똑같은 가상공간을 만드는 것입니다. 넷째로 가상공간에서 다양한 개인이나 개체의 활동 기반을 제공하는 가상세계(Virtual Worlds)가 존재합니다. 다수의 가상현실 서비스, 게임들이 여기에 해당합니다.

[그림 1-1-5] 메타버스의 4가지 요소(Element)

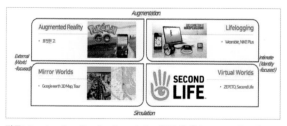

자료: Acceleration Studies Foundation(2006). "Metaverse Roadmap, Pathway to the 3D Web". SPRi 재구성.

---

2) 이승환(2021). "로그인(Log In) 메타버스: 인간×공간×시간의 혁명". 소프트웨어정책연구소.
3) Acceleration Studies Foundation(2006). "Metaverse Roadmap, Pathway to the 3D Web".

메타버스의 4가지 요소는 독립적으로 발전하다가 최근 상호작용하면서 융복합 형태로 진화하고 있습니다. 4가지 메타버스 유형의 경계가 사라지고 있는 것이죠. 증강현실(AR)과 라이프로깅(Life Logging)이 융합된 고스트 페이서(Ghost Pacer)[4] 서비스가 대표적 사례입니다. 고스트 페이서는 증강현실 기술을 통해 현실에 가상의 러너(Runner)를 형성하고 이를 라이프 로그(Life Log) 데이터와 연결하는 방식으로 구동됩니다. 증강현실 안경으로 보이는 아바타의 경로와 속도를 설정하면 아바타와 실시간 경주가 가능하며 운동 앱, 스마트 시계와 연동할 수 있습니다.

[그림 1-1-6] 메타버스 4가지 요소의 융합

자료: Acceleration Studies Foundation(2006). "Metaverse Roadmap, Pathway to the 3D Web". SPRi 재구성.

나. 발전 배경

메타버스는 갑자기 생긴 신조어가 아닙니다. 메타버스는 소설에서 30년 전에 이미 언급되었고, 2003년 세컨드라이프(Second Life) 등과 같은 서비스로 구현되며 조명을 받았습니다. 세컨드라이프는 SNS가 나타나기 전 등장한 메타버스 서비스로서, 2003년 출시 후 3년 동안 100만 사용자를 확보하며 전 세계적으로 이목을 끌었습

---

4) 고스트 페이서는 가상 달리기 파트너를 만들어주는 증강현실 안경(Augmented Reality Glass)으로, 개개인에게 맞는 가상 파트너와 함께 달리며 운동 효과를 극대화하고 동기부여에 도움을 주는 기기임. 증강현실 안경이란 안경 형태의 웨어러블 전자기기로 'Ar 글라스', '스마트글라스'라는 명칭으로도 불리며, 일반 안경처럼 착용한 상태에서 증강현실 콘텐츠를 이용할 수 있음.

니다. 하지만 모바일 혁명 시대에 대응하지 못해 SNS로 이용자가 대거 이탈하면서 서비스는 경쟁력을 잃었습니다. 세컨드라이프(Second Life)를 만든 린든랩(Linden Lab)의 대표 필립 로즈데일(Philip Rosedale)은 세컨드라이프가 『스노 크래시(Snow Crash)』에 묘사된 가상세계를 구현하려는 계획이었다고 언급한 바 있습니다.

소설에서 메타버스라는 용어가 등장하기 이전부터 인류는 가상세계에 끊임없이 관심을 가져왔고 이를 구현하기 위해 노력해왔습니다. 1840년 영국의 물리학자 찰스 휘트스톤(Charles Wheatstone)은 하나의 물체를 두 장의 사진을 통해 겹쳐 보이게 하는 일종의 착시현상 기술인 반사식 입체경(Mirror Stereoscope)을 개발하기도 했습니다.[5] 입체경의 기본 원리는 오늘날의 오큘러스와 같은 HMD(Head Mount Display)에 적용된 핵심 원리이기도 합니다.[6] 1957년 할리우드의 촬영 기사 모턴 하일리그(Morton Heilig)는 지금의 오락실 오토바이 게임과 유사한 센소라마(Sensorama)라는 시스템을 개발했습니다. 당시 25센트를 내면 맨해튼을 배경으로 바이크를 타고 달리는 체험을 할 수 있었습니다. 양안식으로 만들어진 3D 카메라 이미지를 와이드 앵글로 보여줬으며, 관람 좌석이 진동하는가 하면 선풍기로 바람을 일으켜 냄새를 구현해내기도 했습니다. 그러나 당시 이 시스템의 미래 가치를 이해하는 사람은 없었고, 재정적 지원이 이어지지 못해 추가 개발은 중단되었습니다.[7]

5) 원종서(2016.8.). "원초적 재미에 빠진 AR/VR 산업 현장, 고객체험의 툴이 돼야 산다". 동아 비즈니스 리뷰.
6) Steven Johnson(2016). 『Wonderland: How Play Made the Modern World』. Riverhead Books.
7) elec4 편집부(2015.9.7.). "VR, 파괴되는 가상과 현실의 경계". 전자과학.

[그림 1-1-7] 가상증강현실 발전 과정

자료: 원종서(2016.8.). "원초적 재미에 빠진 AR/VR 산업 현장, 고객체험의 툴이 돼야 산다". 동아 비즈니스 리뷰.

이처럼, 메타버스라는 용어를 사용하지는 않았지만, 인류는 오래전부터 가상공간을 활용해 새로운 경험을 만들어내기 위해 다양한 시도를 해왔습니다. 앞으로 새로운 기술이 등장하고 진화하면서 메타버스는 더욱 지능화된 공간으로 발전해나갈 것입니다.

메타버스는 과거부터 존재해왔습니다. 그렇다면 과거와 현재의 메타버스는 어떤 측면에서 차이가 있을까요? 메타버스가 적용되는 범위, 활용되는 기술, 경제활동, 소유권 등 다양한 측면에서 차이가 존재합니다. 1990년대 후반에 출시된 싸이월드, 2000년대 초반에 선풍적인 인기를 끌었던 세컨드라이프(Second Life)도 메타버스의 한 형태이며, 그 외 다양한 게임들도 메타버스에 해당합니다. 과거의 메타버스는 대부분 게임과 소통 중심이었으나, 현재의 메타버스는 게임을 넘어 경제·사회·문화 전반에 영향을 미치고 있습니다.

인터넷 부동산 기업 직방의 직원들은 이제 모두 그들이 일하는 메타버스 공간인 메타폴리스로 출근하고, 포트나이트에서는 다양한 뮤지션이 공연을 하기도 합니다. 기술적 측면에서도 차이가 있습니다. 지난 20년이 넘는 시간 동안 기술은 비약적으로 발전했고, 이제는 고도화된 메타버스를 만들 수 있게 되었습니다. 인공지능은 딥러닝이라는 알고리즘으로 성능이 높아졌으며, 급기야 인간과의 대국에서 사람을 이기기도 했습니다. 메타버스를 경험할 수 있는 기기도 PC와 모바일에서 HMD(Head Mount Display), AR 글라스, 웨어러블 기기를 포함한 다양한 형태로 다변화하고 있습니다.

　경제활동과 소유권 측면에서도 차이가 있습니다. 과거 이용자들은 대부분 메타버스에서 아이템을 사거나 선물하고, 게임의 경우 캐릭터를 성장시키는 데 돈을 지불했습니다. 이제 메타버스 이용자들은 소비에 그치지 않고, 스스로 디지털 자산을 만들고 판매하는 생산 활동을 하면서 실제로 수익을 창출하기도 합니다. 이용자들이 메타버스 안에 있는 생산 플랫폼을 활용하여 적극적으로 디지털 자산을 생산함으로써, 자연스럽게 자신이 만든 게임과 콘텐츠, 디지털 아트 등 디지털 자산의 소유권이 중요해졌습니다. 이로 인해 디지털 자산의 등기부등본 역할을 하는 대체 불가 토큰, NFT(Non-fungible Token)가 메타버스와 결합하고 있습니다.

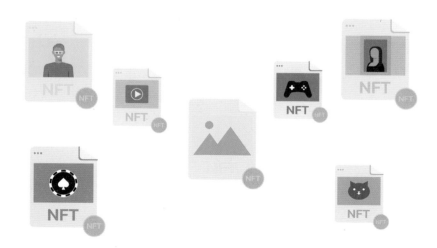

[표 1-1-1] 과거와 현재의 메타버스 차이점

	과거 메타버스	현재 메타버스
자유도/ 적용 분야	– 미션 해결, 목표 달성, 경쟁 중심 게임 (ex. RPG, MMORPG 등) – 독립적 가상 생활/소통 공간 (ex. Cyworld, Second Life) – B2C 분야 중심	– 게임 + 가상 생활/소통 공간(협력, 여가, 문화) 융합 → 이용자가 선택적 활용 (ex. Roblox, Minecraft, Fortnite 등) – 가상공간, 아바타를 활용한 생활/소통 특화 플랫폼 (ex. 제페토, 동물의 숲 등) – B2C + B2B + B2G, 경제 · 사회 전반
기술 기반	– PC, 2D 중심 – Data Tech, Network, AI, XR 독립적 발전	– PC, Mobile, HMD, Wearable 기기, 3D – D.N.A. + XR 융합 및 진화
경제 활동	– 플랫폼 내 아이템 구매 등 소비 중심 – 공급자가 제공/제약하는 아이템 거래 (Service Provider Centric)	– 이용자가 게임/아이템/가상공간을 쉽게 개발/제작/활용할 수 있는 생산 플랫폼이 존재 (ex. Roblox Studio, 제페토 Studio) (ex. Roblox 內 릴 나스 엑스 공연 3,000만 명, Fornite 內 트래비스 스콧 공연 1,230만 명) – 판매도 가능하고 수익은 현실 경제와 연동
소유권	– 구매한 가상 자산에 대한 관리 중심	– 생산한 가상 자산에 대한 소유권 관리가 중요 – NTF(Non-fungible Token)과 메타버스와의 결합이 확대

자료: 이승환(2021). 『메타버스 비긴즈(BEGINS): 인간×공간×시간의 혁명』. 굿모닝미디어.

최근에는 비대면의 일상화, MZ세대의 부상, 가상 경제에 관한 관심 증가로 메타버스가 더욱 주목받고 있습니다.[8] 코로나19로 비대면이 일상화되면서 가상공간에서 소통하고 일하는 시간이 증가함에 따라 다양한 메타버스 플랫폼이 더욱 주목받

---

8) 과학기술정보통신부(2021). "메타버스가 불러올 변화에 대응하는 정책방향". 지디넷 메타버스 비즈니스 포럼.

고 있는 것입니다. 또한, 가상세계에 익숙한 MZ세대들이 부상하면서 메타버스에서 이루어질 다양한 사회·경제 활동에 관심이 증가하고 있습니다. 어릴 때부터 SNS를 통해 가상환경에서 새로운 자아를 만드는 데 익숙한 MZ세대는 디지털 세상 속 새로운 자아, 즉 멀티 페르소나를 통해 다양한 '부캐'를 만들고 표현합니다. 예컨대 링크드인에서는 나의 전문성을 선보이고 인스타그램에서는 호화로운 일상을 강조하듯, MZ세대는 네이버제트의 메타버스 플랫폼 제페토와 엔씨소프트의 팬 커뮤니티 위버스에서 각각 다른 페르소나를 보여주고 있습니다.[9] 앱 분석 기업 센서타워(Sensor Tower)에 따르면 2020년 미국의 10대들은 로블록스에서 하루 동안 156분의 시간을 보냈으며, 유튜브는 54분, 인스타그램은 35분, 페이스북은 21분 순이었습니다.

또한, 로블록스의 설문조사에서는 미국 10대의 52%가 현실 친구를 만난 시간보다 로블록스를 비롯한 온라인 플랫폼에서 보낸 시간이 더 많다고 답했고, 미국의 10~17세 청소년의 40%가 매주 한 번 이상 포트나이트에 접속해 전체 여가의 25%를 보낸다는 것이 밝혀졌습니다. 뱅크오브아메리카는 Z세대의 경제력이 모든 세대 중에서 가장 빠르게 성장하고 있다고 발표했는데, 이 세대들이 노동시장에 진입하면서 발생하는 소득은 2030년까지 33조 달러(약 3경 6,699조 원)를 기록하고 세계 소득의 4분의 1 이상을 차지한 뒤 2031년에는 밀레니얼 세대의 소득을 넘어설 것으로 예상했습니다.[10]

9) 윤지혜(2021.5.29.). "'부캐 놀이터' 된 메타버스, Z세대가 열광하는 이유". 머니투데이.
10) Dominic-Madori Davis(2020.11.17.). "A ton of industries are selling things Gen Z doesn't care about, like alcohol, razorblades, and even cars". INSIDER.

[그림 1-1-8] 메타버스에 주목하는 이유

자료: 과학기술정보통신부(2021). "메타버스가 불러올 변화에 대응하는 정책방향." 지디넷 메타버스 비즈니스 포럼.

2. 기술적·경제적 측면에서 바라본 메타버스

가. 메타버스와 범용 기술

범용 기술(General Purpose Technology)은 경제 전반에 적용되어 생산성을 향상하고 다른 기술과 상호 보완 작용을 통해 기술적 조력자(Enabler)로서 산업 혁신에 기여하는 기술입니다.[11] 역사적으로 영향력이 큰 소수의 파괴적 기술로 여러 산업에 공통으로 활용되어 혁신을 촉진하며 진화가 빠른 특성이 있습니다. 과거부터 범용 기술은 산업과 사회에 혁명을 견인해왔습니다. 18세기 말 증기기관, 20세기 초 전

---

11) Bresnahan, T. F. and M. Trajtenberg(1995). "General Purpose Technologies-Engines of Growth?". 『Journal of Econometrics』. Vol.65. No.1. pp.83-108.

기, 20세기 말 인터넷 등이 범용 기술에 해당합니다.[12] 우리가 인터넷 시대를 혁명이라 부르는 이유도 인터넷, 컴퓨터라는 범용 기술이 산업과 사회에 커다란 영향을 미쳤기 때문입니다.

[그림 1-1-9] 범용 기술 추이

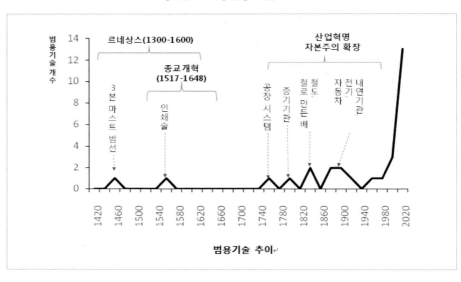

자료: 윤기영(2018). "디지털 범용 기술의 출현과 디지털 트랜스포메이션의 전개". 『미래연구』. 3권 2호. pp.157-175.

시간의 흐름과 함께 다양한 범용 기술이 출현했으며, 지난 수세기 동안 천천히 발전해온 범용 기술의 수와 등장 빈도는 20세기 말부터 폭발적으로 증가하고 있습니다. 메타버스는 가상융합(eXtended Reality, XR) 기술, 데이터(Data) 기술, 네트워크(Network) 기술, 인공지능(Artificial Intelligence, AI) 기술 등과 같이 다양한 범용 기

---

12) IHS(2017). "The 5G Economy: How 5G Technology will Contribute to the Global Economy". KT경제경영연구소(2018). "5G의 사회경제적 파급효과 분석".

술이 복합 적용되어 구현됩니다. 가상융합(XR) 기술은 전 산업과 사회에 영향을 미치는 범용 기술로,[13] 인간이 정보와 상호작용하는 방식을 근본적으로 변화시키며 제품 및 서비스 개발, 의료, 훈련, 프로세스 혁신, 소매 등 전 산업 분야에 적용될 전망입니다.[14] 빅데이터, 5G 네트워크, 인공지능도 혁신의 인프라 역할을 하는 범용 기술이며, 전 산업과 사회에 활용되는 특징이 있습니다.[15] 즉, 메타버스는 다양한 범용 기술의 복합체이며, 이 기술들의 융합으로 현실과 메타버스 세계가 연결되고 새로운 가치가 창출되는 것입니다.

[그림 1-1-10] 메타버스와 복합 범용 기술

자료: SW정책연구소(2021). '로그인 메타버스: 인간×공간×시간의 혁명' 보고서.

하나의 범용 기술만으로도 전 산업과 사회에 영향을 미치는데, 메타버스는 이처럼 다양한 범용 기술이 복합 적용되기 때문에 더욱 혁명적인 변화가 생겨나는 것

13) Innovate UK(2018). "Immersive Economy in the UK".
14) PwC(2019). "Seeing is Believing: How VR and AR will transform business and the economy".
15) Christiaan Hogendorn & Brett(2020). "Infrastructure and general purpose technologies: a technology flow framework". 『Frischmann European Journal of Law and Economics』. volume 50. pp.469-488; KT경제경영연구소(2018). "5G의 사회경제적 파급효과 분석".

입니다. [그림 1-1-10]은 현실 세계와 메타버스 세계를 잇는 복합 범용 기술의 생태계를 보여줍니다. 복합 범용 기술은 데이터 기술(Data technology), 네트워크(Network), 인공지능(AI)의 첫 글자를 딴 D.N.A.와 가상융합(XR) 기술을 포함합니다. 이러한 범용 기술은 크게 PC·휴대폰·태블릿PC·사물인터넷·HMD 등의 하드웨어와 빅데이터·블록체인·시선 추적 기술 등의 소프트웨어로 구분되며, 범용 기술이 발전함에 따라 현실과 가상의 경계를 모호하게 합니다. XR+D.N.A.를 통해 더욱 정밀해지고 실시간으로 상호작용을 할 수 있으며 이동성이 극대화된 메타버스 서비스가 가능해지면서 산업 전반에 걸친 활용 확산이 기대되고 있습니다.

메타버스를 구성하는 핵심 기술 중 하나인 가상융합(XR) 기술은 2030년에 약 1,700조 원의 시장을 창출할 전망이고 증강현실(AR) 시장 규모가 가상현실(VR)보다 클 것이며, 그 격차는 갈수록 커질 것으로 예상합니다.

[그림 1-1-11] 가상융합(XR) 기술 시장 전망

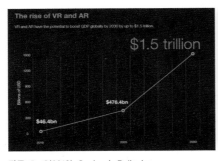 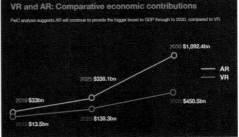

자료: PwC(2019). Seeing is Believing.

[그림 1-1-12] 분야별 가상융합(XR) 기술 시장 전망

	제품 및 서비스 개발	보건 의료	개발 및 교육	프로세스 개선	소매 및 소비자
글로벌 GDP(수십억) 증가	$359.4	$350.9	$294.2	$275.0	$204.0
글로벌 GDP에 대한 % 증가	0.42%	0.41%	0.34%	0.32%	0.24%

자료: PwC(2019). Seeing is Believing: How VR and AR will Transform Business and the Economy.

　가상융합(XR) 기술은 제품 및 서비스 개발, 보건의료, 교육, 프로세스 개선, 소매 등 다양한 산업 분야에 혁신을 일으키며 새로운 시장을 창출할 것으로 예측됩니다. 2030년까지 제품 및 서비스 개발, 보건의료 분야에서 가장 높은 파급효과가 나타날 것으로 분석되고 있습니다.[16]

　최근 메타버스와 결합 중인 블록체인 기반의 NFT(Non-fungible Token) 기술도 주목해야 할 이슈입니다. NFT는 Non-fungible Token(대체 불가능 토큰)의 약자로, 블록체인(Blockchain) 기술을 활용하여 원본 증빙, 소유권 등에 고유한 식별자가 부여된 디지털 자산입니다. 그림·영상 등 다양한 디지털 콘텐츠가 원본인지, 누구의 소유인지 확인이 가능해진 것입니다. 예를 들어, 사용자가 게임 아이템을 만들고 NFT를 결합하였다면 '이 게임 아이템은 디지털 원본, 정품이며, 내 것'임을 증명할 수 있게 됩니다. NFT는 디지털 자산의 생성 일시, 크기, 내용, 소유권, 판매 이력 등

16) PwC(2019). "Seeing is Believing: How VR and AR will Transform Business and the Economy".

다양한 정보를 블록체인(Blockchain)에 데이터로 저장합니다. 블록체인 기술을 활용하기 때문에 데이터 위변조가 어렵고, NFT로 디지털 자산의 진위 여부를 판단할 수 있어 현재 디지털 예술품, 게임 아이템 등 다양한 디지털 자산 거래에 활용되고 있습니다.

NFT(Non-fungible Token)는 비트코인 등 상호 교환이 가능한 기존 대체 가능 토큰(Fungible Token)과는 다른 특성이 있습니다. 예컨대, 모든 비트코인은 일련의 다른 고윳값을 가지고 있지만, 가치는 같습니다. 그러므로 비트코인 1개는 다른 비트코인 1개와 같은 가치를 보유하고 있어 상호 교환, 대체가 가능합니다. 하지만 사용자가 만들거나 육성한 디지털 고양이는 세상에 하나뿐이며, 다른 어떤 고양이로도 대체할 수 없습니다. 그간 디지털 자산은 복제가 가능하여 희소성의 가치가 상대적으로 낮았으나, NFT로 한정된 수량의 창작물에 선택적으로 소유권을 부여하고 양도하는 일이 가능해졌습니다. 이에 희소성, 상징성, 제작자 명성 등에 기반을 둔 가치 산정 및 거래 활성화 계기가 마련된 것입니다.

[그림 1-1-13] 대체 가능 vs 대체 불가능

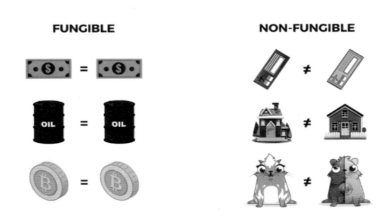

자료: Cryptoverz.com

NFT는 기술의 하이퍼 사이클(Hype Cycle) 곡선에서 기대의 정점 단계에 위치하는데, 이는 NFT를 활용한 분야에서 초기 성공 사례가 나타나 향후 시장이 확대될 것이라는 기대감이 형성되어 있다는 것을 의미합니다. 하이퍼 사이클 곡선은 5단계로 이루어지며, 이는 기술의 성장 주기에 해당합니다. 기술 촉발(Technology Trigger)은 잠재적 기술이 관심을 받기 시작하는 시기이며, 기대의 정점(Peak of Inflated Expectations)은 초기 성공 사례를 창출하는 시기입니다. 환멸 단계(Trough of Disillusionment)는 제품 실패에 따라 관심이 줄어들고 성공 사례에 투자가 지속되는 시기이며, 계몽 단계(Slope of Enlightenment)는 기술의 수익 모델을 보여주는 좋은 사례들이 늘어나는 시기, 생산성 안정 단계(Plateau of Productivity)는 기술이 시장의 주류로 자리 잡기 시작하는 단계입니다. [그림 1-1-14]를 통해 각각의 기술이 위치한 성장 단계 및 시장의 기대감 정도를 알 수 있습니다. 기술 촉발 단계에서는 대부분 기술이 안정기에 접어들기까지 5~10년 혹은 10년 이상이 소요되나, 기대의 정점 단계로 접어들며 그 주기가 점차 짧아집니다.

[그림 1-1-14] 하이퍼 커브와 NFT

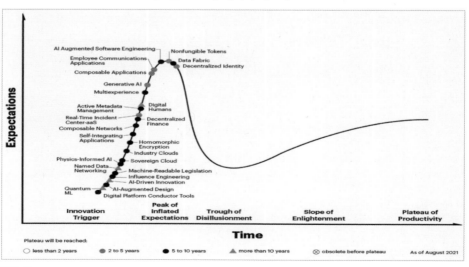

자료: Gartner.com

나. 메타버스와 가상융합경제

경제가치는 농업, 산업, 서비스, 경험을 넘어 가상융합 경제로 진화하고 있습니다.[17] 농업경제 구조에서는 미가공 재료를 추출해 사용하였고, 대량생산 체제가 갖추어지면서 제품 중심의 경제로 변모하였으며, 이후 서비스 경제로 발전하게 되었습니다. 경제학자 조지프 파인(Joseph Pine)은 서비스 경제 이후 새로운 경제가치의 핵심 개념으로 경험 경제(Experience Economy)를 제시했습니다. 경험 경제의 소비자들은 기억에 남을 만큼 개인화한 경험에 지급 의사(Willingness to Pay)가 높으므로 이에 맞는 제품과 서비스를 제공하는 것이 경험 경제의 핵심입니다.[18] 농업경제 시대에는 커피의 원재료인 원두를 재배하고 추출해 사용하였고, 이후 원두는 대량생산 체제로 제조되고 보급되었으며, 커피를 제공하는 서비스 산업으로 발전하게 되었습니다. 현재 커피는 스타벅스를 통해 경험재로 재탄생하여 스타벅스 커피의 원두 원가는 1잔당 약 14원이지만, 소비자들이 지급하는 금액은 4,000원을 상회합니다.[19] 경험 경제는 가상융합, 실감 경제(Immersive Economy)[20]로 발전하고 있습니다. 가상융합 경제는 가상융합(XR) 기술을 활용해 경제활동(일·여가·소통) 공간이 현실에서 가상·융합 세계까지 확장되어 새로운 경험과 경제적 가치를 창출하는 경제입니다.[21] [그림 1-1-15]와 같이 농업경제에서 가상융합 경제로 경제가치가 발전함에 따라 경험 가치 또한 차별화·고급화하고 있습니다.

17) 이승환(2021). 『메타버스 비긴즈(BEGINS): 인간×공간×시간의 혁명』. 굿모닝미디어.

18) B. Joseph Pine II and James H. Gilmore(1998). "Welcome to the Experience Economy". 『Harvard Business Review』. July-August 1998.

19) LG CNS(2013.11.18.). "당신이 경험한 오늘은?".

20) 영국의 Innovate UK는 실감 경제를 실감기술(Immersive Technology)을 적용하여 산업, 사회, 문화적 가치를 창출하는 경제로 정의하고 있음.

21) 관계부처 합동(2020). 가상융합 경제 발전 전략: 가상융합 경제의 개념은 영국 Innovate UK가 정의한 실감 경제(Immersive Economy)와 유사함.

[그림 1-1-15] 경제가치의 진화(The Progression of Economic Value)와 가상융합 경제

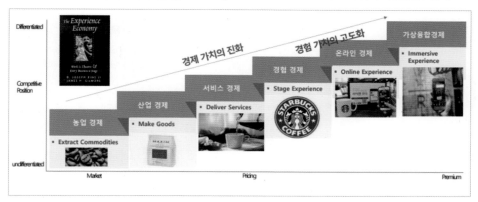

자료: B. Joseph Pine II and James H. Gilmore(1998). "Welcome to the Experience Economy". 『Harvard Business Review』. July-August 1998. 기반 재구성.

XR+D.N.A. 기술의 융합은 전 산업과 사회에 영향을 미치며 차별화된 경험 가치를 만들어내는데, 이는 가상융합 경제의 핵심 가치입니다. XR+D.N.A. 기술 융합은 4I(Imagination, Intelligence, Immersion, Interaction) 측면에서 새로운 경험을 제공합니다. MBC 가상현실 다큐멘터리 '너를 만났다'에서는 엄마가 사별한 딸을 메타버스에서 만납니다. 엄마는 사별한 딸을 만난다는 현실에서라면 불가능한 상상(Imagination)을 하고, 인공지능(Intelligence)으로 재탄생한 딸과 가상융합(XR) 기술로 구현된 메타버스 공간에서 몰입감(Immersion)을 느끼며, 햅틱 글로브 등 오감을 통해 상호작용(Interaction)하는 시공간을 초월한 경험을 하게 됩니다.

메타버스 시대에는 인간과 공간, 시간을 초월한 경험 설계가 가능한 것입니다. 이제 메타버스에서 현실의 나와 똑같이 생긴 인간부터 가상의 인간까지 모두 만들 수 있으며, 현실의 물리법칙이 적용된 가상공간과 상상의 공간도 제작 가능합니다. 또한, 과거 특정 시점의 공간과 인간 재현이 가능하고 시뮬레이션을 통해 가까운 미래를 예측할 수도 있습니다.

[그림 1-1-16] 복합 범용 기술이 제공하는 차별화된 경험 가치 4I

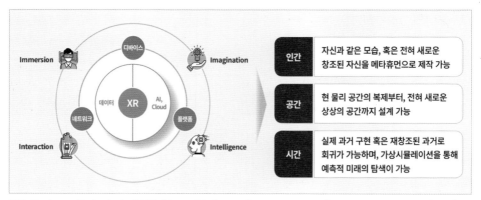

자료: Qualcomm Technologies(2018). "The mobile future of augmented reality". Burdea, G., & Coiffet, P.(2003).
『Virtual reality technology』. Wiley-IEEE Press. 기반 SPRi 작성.

3. 국내외 메타버스 정책

가. 국내 메타버스 정책

　정부는 메타버스 관련 산업 육성을 위해 '범부처 실감 콘텐츠 산업 활성화 전략'(2019), '범부처 가상융합 경제 발전 전략'(2020), '메타버스 신산업 선도 전략'(2022) 등 지속적인 국가 전략을 발표하며 생태계 활성화를 도모하고자 노력하고 있습니다. '범부처 실감 콘텐츠 산업 활성화 전략'은 구축-발전-심화-확장의 단계로 구분되었고, 2021년 현재는 확장 단계로 가상융합 경제 확산 및 고도화가 주요 이슈이며 2025년에는 세계 5대 가상융합(XR) 선도국에 진입하는 것을 목표로 합니다.

[그림 1-1-17] 메타버스 관련 주요 정책 방안

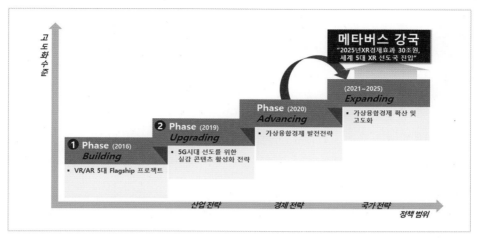

자료: SW정책연구소(2021). "메타버스 국가 전략: 인터넷 강국에서 메타버스 강국으로".

'범부처 가상융합 경제 발전 전략'은 메타버스의 핵심 기술인 가상융합(XR) 기술의 적용 범위를 경제 전반으로 확산하는 데 초점이 맞춰져 있습니다.

[그림 1-1-18] 가상융합 경제 발전 전략

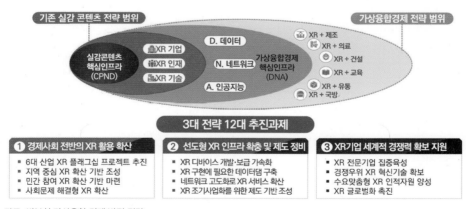

자료: 범부처 가상융합 경제 발전 전략.

기획재정부에서는 2021년 메타버스를 5대 신성장 동력 중 하나로 선정하여 메타버스 국가 전략 수립 방안을 모색하였습니다. 5대 분야로 클라우드, 블록체인, 지능형 로봇, 디지털 헬스케어, 메타버스가 선정됨에 따라 관련 생태계 활성화 전략이 추진되었습니다. 메타버스와 관련해 과학기술정보통신부, 문화체육관광부를 중심으로 범부처 메타버스 활성화 전략 수립 방안 논의가 이루어지면서 관련 기관으로 소프트웨어정책연구소, 정보통신산업진흥원, 한국콘텐츠진흥원 등이 참여하였습니다.

[그림 1-1-19] 기획재정부 신산업 전략 지원 TF

혁신성장전략회의

(가칭) 신산업 전략 지원 TF — 정책협의회(대한상의 등 참여)

	기술기반 고도화		삶의 질 향상		
	클라우드 작업반	블록체인 작업반	지능형로봇 작업반	디지털 헬스케어 작업반	메타버스 작업반
정부	과기부, 행안부, 기재부, 중기부, 산업부, 문체부, 금융위 등	과기부, 기재부, 산업부, 복지부, 행안부, 문체부 등	산업부, 기재부, 복지부, 중기부, 국토부, 행안부, 경찰청, 질병청 등	복지부, 기재부, 금융위, 과기부, 문제부, 산업부, 중기부, 식약처	과기부, 문체부, 기재부, 교육부, 산업부, 중기부
유관 기관	·정보통신산업진흥원 ·지능정보사회진흥원	·인터넷진흥원 ·정보통신산업진흥원	·로봇사업 진흥원 ·산업기술 평가관리원	·보건산업 진흥원 ·한국보건 의료연구원	·정보통신산업 진흥원 ·한국콘텐츠 진흥원
민간	KT, 카카오, 더존비즈온 등	코인플러그, 블로코, 라온시큐어 등	한국로봇산업협회, LG전자, KT 등	디지털 헬스산업협회	네이버제트, SKT맥스트, 피앤씨솔루션

밑줄은 각 작업반별 주무부처
자료: 기획재정부.

[그림 1-1-20] 한국형 뉴딜 사업 2.0

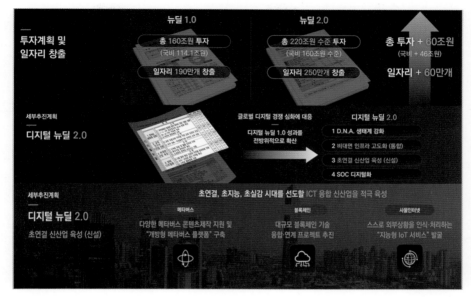

자료: 기획재정부.

2021년 7월, '한국형 뉴딜 사업 2.0'이 발표되면서 새로운 신규 정책 사업이 편성되었으며, 메타버스는 초연결 신산업 육성 방안에 포함되었습니다. 초연결 신산업 육성 분야에는 메타버스, 블록체인, 사물인터넷 분야의 정책 지원 강화 방안이 포함되었고 2025년까지 2조 6,000억 원의 재원이 투입될 전망입니다. 메타버스 분야에서는 다양한 메타버스 콘텐츠 제작 지원 및 개방형 메타버스 플랫폼 구축을 목표로 하고 있습니다.

메타버스 생태계가 주목받고 많은 기업이 시장에 참가하면서 금융 지원, 규제 개선, 인재 양성, 이용자 보호 등 메타버스 정책과 관련하여 다양한 수요가 제기되고 있습니다. 특히 금융 지원, 창업 및 투자, 해외 진출 등 다양한 진흥 정책 수요는 94.3%에 육박합니다. 여기에 신제품 출시를 위한 선제적 규제 개선이 93.2%로 그 뒤를 잇고 있습니다.

[그림 1-1-21] 메타버스 기업들의 정책 수요

94.3%	93.2%	87.5%	77.9%	70.2%
금융지원, 창업 및 민간투자, 해외시장진출 등 다양한 진흥 정책이 필요	신제품·서비스 출시를 위한 선제적 규제개선 추진 필요	전문인력 양성 및 교육 인프라 구축 필요	안전성 검증, 이용자 보호 등과 관련된 실증사업 지원	가상 융합(XR+α) 분야의 체계적 지원을 위한 독립 법률이 필요

자료: 2021년 4월 21일~5월 17일, 104개 가상융합(XR) 기업 대상 NIPA 온라인 설문조사 결과.

정부에서는 메타버스 생태계 선도와 다양한 정책 수요를 지원하기 위해 2022년 1월 '메타버스 신산업 선도 전략'(2022)을 발표하였습니다. 정부에서 발표한 메타버스 전략에는 메타버스 생태계 구축, 청년과 지역의 기회 제공, 혁신 장애물 극복 등 다양한 방안이 포함되었습니다. 먼저, 생태계 구축 측면에서는 다양한 기업 간의 지속 가능한 동반 성장 생태계 조성을 목표로 하고 있습니다. 청년과 지역에 기회를 제공하는 측면에서는 수익 창출이 가능한 청년 크리에이터 육성 및 일자리 창출, 지역 맞춤 메타버스 서비스 확산을 통한 국가 균형 발전을 위해 노력할 계획입니다. 또 혁신 장애물 극복 측면에서는 메타버스가 초래하는 사회적·경제적 이슈에 관한 선제 대응과 글로벌 공동체 가치 실현을 위해 노력할 것입니다.

[그림 1-1-22] 메타버스 생태계 육성 방향

자료: 과학기술정보통신부(2021.10.7.). 과학기술정보통신부 SW정책국 발표 자료. 4차산업혁명 페스티벌 2022.

여기에 지속 가능한 메타버스 생태계 구축을 위하여 개방형 메타버스 플랫폼 구축을 지원하고 다양한 메타버스 콘텐츠를 생산할 수 있도록 뒷받침합니다.[22)]

다양한 산업 분야에서 메타버스를 활용할 수 있는 기반을 제공하고자 메타버스 개발 도구 개발, 데이터 구축, 서비스 플랫폼 개발을 지원하는 방안이 전략에 포함되어 있습니다.

[그림 1-1-23] 개방형 메타버스 플랫폼 구축 지원

① **도구와 자원의 공급** : 요소기술, 데이터 등을 SW 개발도구 형태로 제공
② **서비스 개발** : 다양한 분야에서 활용 가능한 서비스 플랫폼 구현, 디바이스 실증
③ **사용자 소비/고도화** : 서비스 플랫폼 내 저작도구를 활용해 사용자 창작 활동 및 거래·유통 활성화, 3rd party 신기능 연동을 통한 서비스 플랫폼 고도화
④ **글로벌 지향** : 다국어 지원, 전 세계 공통 관심 분야(관광, 음악 등) 콘텐츠 연계

자료: 범부처 메타버스 신산업 선도 전략(2022.1.20.).

─────────
22) 범부처 메타버스 신산업 선도 전략(2022.1.20.).

또한, 메타버스 생태계를 다양한 기업들과 관련 공공기관, 연구소가 협력하여 이끌어나갈 수 있도록 체계를 갖추고 지원하기 위해 메타버스 얼라이언스를 운영합니다. 메타버스 얼라이언스는 관련 기업 또는 기관으로 이루어진 협력체로서 참여 기업 간 자발적 협업프로젝트와 R&D를 통해 민간에서 사업을 주도하는데, 여기서 제시한 우수 결과물을 바탕으로 정부가 다양한 지원 방향을 모색합니다. 2021년 5월 출범 시 참여 기업 수는 25개였으나, 2022년 1월 기준 700개 기업을 상회하는 등 높은 관심을 받고 있습니다.

[그림 1-1-24] 메타버스 얼라이언스 운영 체계

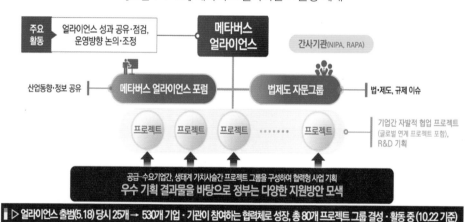

자료: 과학기술정보통신부 (2021.10.7.). 과학기술정보통신부 SW정책국 발표 자료. 4차산업혁명 페스티벌 2022.

메타버스 얼라이언스에서 추진하는 정책 과제는 과거 정부의 사전 기획에 기반을 두어 추진되는 톱다운(Top Down) 방식에서 기업 간 협의를 통해 과제가 기획되면 정부가 지원하는 보텀업(Bottom Up) 방식으로 변화를 시도하고 있습니다.

[그림 1-1-25] 보텀업(Bottom Up) 방식의 메타버스 얼라이언스 프로젝트 지원

자료: 과학기술정보통신부(2021.11.5.). 과학기술정보통신부 SW정책국 발표 자료. 2021 한국국방기술학회 추계학술대회.

메타버스 시대를 이끌어나갈 인재를 양성하는 일도 중요하므로 메타버스 아카데미 정책 사업이 메타버스 전략에 포함되어 있습니다. 기업 및 지역 메타버스 허브와 연계 하여 초중반에는 기술 습득 및 생태계의 이해 증진, 중후반에는 기업 프로젝트 및 인턴 십 등 단계별로 구성되었으며, 후속 관리 차원에서 창업과 사업화를 지원합니다.

[그림 1-1-26] 메타버스 아카데미 추진 방안

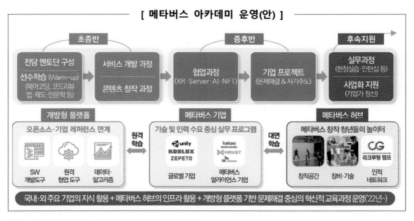

자료: 범부처 메타버스 신산업 선도 전략(2022.1.20.).

이 외에도 메타버스 시대에 야기될 다양한 사회적·경제적 문제를 조망하고 대응 방안을 마련하기 위해 메타버스 경사문(경제·사회·문화) 포럼을 2021년 9월에 출범하였고, 생태계 진흥을 위한 가상융합 경제법 추진을 논의하고 있습니다.

[그림 1-1-27] 메타버스 경사문 포럼 및 가상융합 경제법(안) 추진 내용

사회 · 문화 분야 예상 이슈(안)	경제 분야 예상 이슈(안)
▪ 아바타의 법적 지위 ▪ 메타버스 내 범죄행위 ▪ 현실-가상 간 정보·경험의 판단기준 ▪ 아동·청소년 보호 ▪ 사생활 및 개인정보 보호 ▪ 노동 환경의 변화 ▪ 디지털 격차 등	▪ 블록체인 기반의 NFT ▪ 가상자산의 가치·거래 ▪ 지식재산권 보호 ▪ 퍼블리시티권 침해 ▪ 메타버스 내 과세 정책 ▪ 메타버스 내 공공저작물 활용 등

▌ 포럼 운영을 통해 도출된 정책 이슈는 향후 법제도적 과제로 관리 추진
▌ 내년 이후 지속 운영을 통해 '메타버스 윤리 가이드라인' 마련 등 정책대응 추진

제안 이유
▪ 가상융합경제와 메타버스의 발전을 위한 법적 기반 마련

주요 내용
▪ **가상융합경제 및 메타버스 진흥을 위한 추진체계 마련**
　- 국무총리 소속 가상융합경제위원회 설치
　- 상시적 규제개선을 위한 가상융합규제개선위원회 설치(과기정통부 장관)
▪ **메타버스 활성화를 위한 기본원칙 마련**
　- 정부의 메타버스 발전 시책 마련 및 적극 활용 의무, 공공 활용 시 메타버스사업 영향평가 실시
　- 매타버스 사업자의 품질향상 및 상호 운용성 확보 노력, 이용자 등에 대한 부당한 차별금지 등
▪ **가상융합 및 메타버스 활성화를 위한 산업지원 및 규제혁신 근거 마련**
　- 관련 연구개발 및 사업화 지원, 전문인력 양성 등 산업 지원
　- 신서비스 관련 법령이 부재·불합리·불분명한 경우 과기정통부장관이 관계부처에 임시기준 마련 요청 등

자료: 과학기술정보통신부(2021.11.5.). 과학기술정보통신부 SW정책국 발표 자료. 2021 한국국방기술학회 추계학술대회.

나. 영국 메타버스 정책

영국은 2017년 3월에 '디지털 전략 2017(UK Digital Strategy 2017)'을 발표하면서 4대 핵심 기술을 지정하였습니다.[23] 4대 핵심 기술은 바로 데이터 중심(Data-driven), 연결(Connected), 지능(Intelligent), 실감(Immersive)이며, 이를 포괄적으로 해석하고 결합하면 결국 XR+D.N.A.라고 할 수 있습니다. 메타버스를 구현하는 복합 범용 기술의 총체를 4대 핵심 기술로 지정하고 이를 디지털 제조, 헬스케어, 창조 산업(Creative Industries)에 적용한다는 계획입니다.

2017년 11월 영국 정부는 '영국 산업 전략(UK's Industrial Strategy)'을 발표하였습니다.[24] 여기에는 인공지능과 가상융합(XR) 기술을 활용한 제품 및 서비스 개발을 위해 5,800만 파운드 규모의 '산업 전략 도전 펀드(Industrial Strategy Challenge Fund, ISCF)'를 조성하는 계획이 포함되어 있습니다. 또한, 가상융합(XR) 연구 개발 및 콘텐츠 제작, 인재 육성에 3,300만 파운드를 지원하는 방안도 제시하였습니다. 이를 통해 세계 가상융합(XR) 시장에서 영국의 점유율을 2배 높이는 것이 목표입니다.

다음 해인 2018년 영국은 '영국의 실감 경제(The Immersive Economy In the UK)'를 발표했습니다. 가상융합(XR) 기술을 범용 기술로 인식하고 단일 산업을 넘어 경제 전반의 변화를 주도하고자 한 것이며, 메타버스를 국가 전략 전면에 내세운 것이기도 합니다. 2018년 5월에 발표된 이 보고서에 따르면, 영국에는 6억 6,000만 파운드(약 1조 원)의 매출을 올리는 약 1,000개의 가상융합(XR) 전문 기업이 있는데, 이

---

23) Department for Digital, Culture, Media & Sport(2017.3.). "UK Digital Strategy 2017".
24) Department for Business, Energy & Industrial Strategy(2017.11.). "Industrial Strategy Building a Britain fit for the future".

들이 세계시장의 약 9%를 차지하고 있는 것으로 조사되었습니다. 이 1,000개의 가상융합(XR) 전문 기업 중 70%는 미국에 수출하는 등 글로벌 경쟁력이 높았으며, 80% 이상이 해당 시장에서 적어도 하나의 디지털 콘텐츠 또는 창조 산업 분야와 연관되어 있었습니다.[25] 현재 영국의 가상융합(XR) 전문 기업들이 가장 많이 활동하는 분야는 미디어, 교육 훈련 분야입니다.

[그림 1-1-28] 영국의 가상융합(XR) 기술 활용 분야

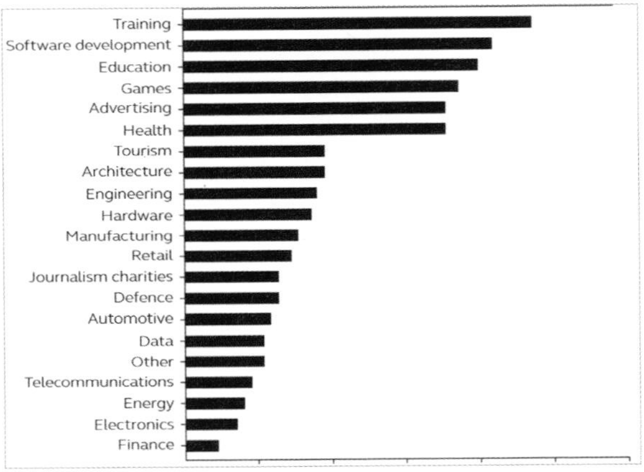

자료: MTM Survey, Nesta analysis(2018).

'영국의 실감 경제(The Immersive Economy In the UK)' 보고서는 2019년 11월에도 발표되었습니다. 보고서 조사 대상 기업 중 57.5%는 1년 전보다 수익이 더 늘어난 것으로 나타났으며, 29.2%는 수익을 전년 수준으로 유지하고 있었습니다. 영국은 '영국의 실감 경제(The Immersive Economy In the UK)' 보고서 발표 이전부터 가상융합(XR) 산업 투자 규모를 확대해왔습니다. 특히 2012년을 기점으로 가상융합(XR)

25) Immerse UK 웹사이트(https://www.immerseuk.org).

의 중요성을 인식하여 투자를 본격 진행하기 시작하였고, 2016년부터 2017년까지 투자 규모는 2009년부터 2010년까지 투자 규모 대비 9배 이상 증가하였습니다.

[그림 1-1-29] 영국의 가상융합(XR) 산업 투자 예산

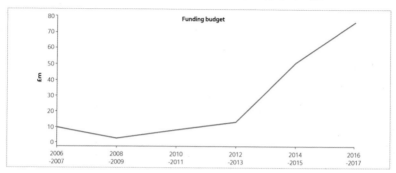

자료: Gateway to Research(2018); Innovate UK(2018); European Commission(2018).

예산 증가와 함께 가상융합(XR) 프로젝트 수도 증가하고 있습니다. 초기에는 연구 개발 분야의 리서치 컨실스 UK(Research Councils UK)의 프로젝트가 대부분을 차지했으나, 이후 혁신기구인 이노베이트 UK(Innovate UK), 유럽연합과 공동 추진하는 호라이즌 2020(Horizion 2020) 프로젝트 비중이 확대되었습니다.

[그림 1-1-30] 영국의 가상융합(XR) 프로젝트 수

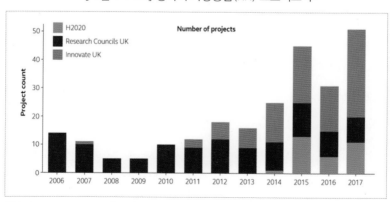

자료: Gateway to Research(2018); Innovate UK(2018); European Commission(2018).

가상융합 활동이 가장 많은 지역은 런던이며, 브리스틀(Bristol), 코번트리(Coventry), 맨체스터, 케임브리지 등의 지역도 활발하게 프로젝트에 참여하고 있습니다. 투자 지원 금액 측면에서 보면, 런던, 코번트리, 길퍼드(Guildford), 올더숏(Aldershot) 지역 등이 가장 많은 지원금을 받았습니다.

[그림 1-1-31] 영국의 지역별 가상융합(XR) 프로젝트 수와 펀딩 수준

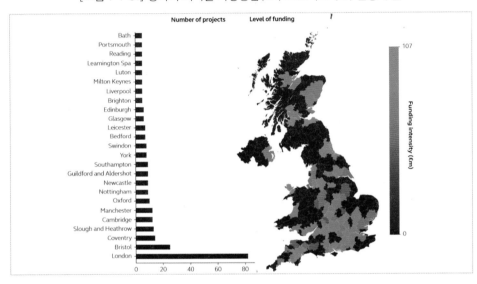

자료: Gateway to Research(2018); Innovate UK(2018); European Commission(2018).

'영국의 실감 경제(The Immersive Economy In the UK)' 구현을 위해 다양한 기구들이 정책 사업을 추진하고 있습니다. 2018년 영국 혁신기구 이노베이트 UK(Innovate UK)의 지원으로, 디지털 캐터펄트(Digital Catapult)와 영국예술위원회(Arts Council England)가 정부 기금으로는 최초로 가상융합 콘텐츠 육성 사업 크리에이티브 XR(Creative XR) 프로그램을 시작했습니다. 이 프로그램은 예술과 기술 분야의 협업을 촉진하고, 최우수 제작팀에 실감 콘텐츠의 아이디어와 프로토타

입 개발 기회를 제공합니다. 아울러, 초기 단계의 재원 마련에서 시설 사용을 비롯하여 업계 리더 및 중개 기관의 네트워크 활동까지 지원하며, 후속 개발을 위한 기금 마련 기회도 포함되어 있습니다.

영국 정부는 시장에서 필요한 혁신과 경제성장을 주도하기 위해 2011년부터 영국 각 지역에 기술혁신센터인 디지털 캐터펄트(Digital Catapult)를 설립했습니다. 영국 혁신기구 이노베이트 UK(Innovate UK) 산하 독립 법인으로 운영되며, 산학연 협력으로 첨단 디지털 산업의 성장을 촉진하고 비즈니스 경쟁력을 향상하는 역할을 담당합니다. 캐터펄트(Catapult)는 Y자 모양의 새총 또는 무거운 돌을 날려 보내던 투석기를 의미합니다. 디지털 캐터펄트는 오그멘터 액셀러레이터 프로그램(Augmentor Accelerator Programme)을 운영하는데, 12주간 진행되는 프로그램으로 초기 단계의 사업을 지원하고 있습니다. 기술과 비즈니스 분야 멘토링, 최첨단 시설 사용, 투자 유치, 성공적 아이디어 발표 전략 수립 등 가상융합(XR)을 활용한 스타트업 육성을 목표로 합니다.

영국에서는 이머시브 랩(Immersive Labs)도 운영되고 있습니다. 영국 곳곳에 있는 이머시브 랩은 성장하고 있는 영국 내 가상융합 콘텐츠와 기술 관련 커뮤니티를 지원하는 확장된 시설 네트워크입니다. 각 시설의 공간들은 가상융합과 관련된 다양한 최신 하드웨어를 보유하고 있으며, 여러 기업의 전문가, 학계 연구원 등이 고용되어 가상융합 콘텐츠 제작을 지원합니다.

메타버스 생태계 구성 요소

1. 새로운 세상을 만드는 메타버스 플랫폼

가. 로블록스

로블록스는 이용자들이 레고처럼 생긴 아바타가 되어 가상세계에서 활동하는 게임 및 소통 플랫폼으로 2014년에 설립되었습니다. 다른 이용자와 함께 게임, 테마파크 건설, 애완동물 입양, 스쿠버다이빙, 슈퍼 히어로 경험 등 다채로운 가상 체험이 가능한 곳입니다. 미국의 16세 미만 청소년 중 55%가 가입했으며, 하루 평균 접속자만 5,000만 명에 육박합니다. 2021년 3월 상장 직후 시가총액은 380억 달러(약 43조 원)를 넘겼는데, 이는 심즈 등 다양한 게임을 제작한 글로벌 게임업체 일렉트로닉아츠(EA)의 시총인 375억 달러를 웃도는 규모입니다.

로블록스에서는 약 1,000만 명의 크리에이터들이 '로블록스 스튜디오(Studio)'라는 생산 플랫폼을 활용하여 5,500만 개의 게임을 제작하였으며, 약 130만 명의 크리에이터들이 실제로 수익을 창출하고 있습니다. 연 1억 원 이상의 수익을 창출하는 크리에이터는 300명 수준인데, 로블록스는 스튜디오를 통해 어려운 코딩 작업 없이 초등학생도 게임을 만들 수 있도록 지원합니다. 로블록스 스튜디오 실행 시 작업 화

[그림 1-2-1] 로블록스

자료: 로블록스 홈페이지(https://www.Roblox.com/).

면은 [그림 1-2-2]와 같으며, 기존 3D 그래픽 프로그램보다 직관적이고 간단한 방식
으로 게임 제작이 가능합니다.

[그림 1-2-2] 로블록스 스튜디오(Studio)

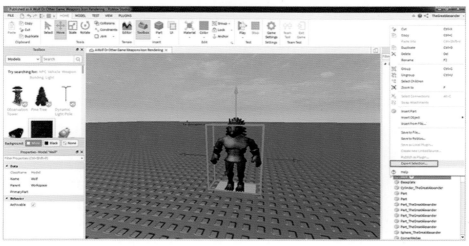

자료: https://blog.lgcns.com/2353

[그림 1-2-3] 로블록스 스튜디오에서 개발한 '오징어 게임'

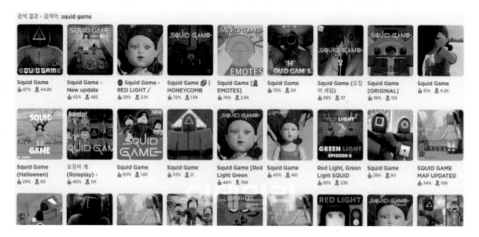

자료:https://www.edaily.co.kr/news/read?newsId=03591606629214232&mediaCodeNo=257

세계적으로 인기를 모은 넷플릭스의 한국 제작사 드라마 '오징어 게임'이 로블록스에서도 인기를 끌며 다양한 게임으로 제작되고 있습니다. 이는 메타버스 크리에이터들이 생산 플랫폼인 스튜디오를 활용하여 얼마나 빠르게 시류에 맞는 다양한 게임을 개발할 수 있는지를 보여줍니다. 로블록스 메타버스 플랫폼에서 '오징어 게임'의 영문명인 'Squid Game'으로 검색하면 1,500개가 넘는 게임이 나옵니다. 트렌드세터 게임즈가 개발한 '오징어 게임'은 2021년 9월 24일 개발을 마쳤으며, 공개 한 달이 채 되기 전에 누적 방문이 1억 9,100만 건을 상회했습니다.

로블록스는 상장 전 2021년 3월 투자설명회에서 업무(Work) 플랫폼으로서 진화 계획을 발표하기도 하였습니다. 앞으로 로블록스가 일하는 공간으로 변한다는 의미입니다.

[그림 1-2-4] 로블록스의 플랫폼 진화 방향

자료: 로블록스 Investor Day 자료.

나. 제페토

제페토는 3D 아바타를 기반으로 하여 누구나 가슴속에 꿈꾸어왔던 것을 만들어 낼 수 있는 가상세계 플랫폼입니다. 상상하는 것이 무엇이든 제페토의 가상공간 안에서 만들어내고 사람들과 함께 즐길 수 있도록 모바일 앱과 디지털 아이템을 제작하는 스튜디오를 제공하고 있습니다.

[그림 1-2-5] 제페토

자료: 제페토 홈페이지.

[그림 1-2-6] 제페토 스튜디오

자료: 제페토 홈페이지(https://studio.zepeto.me/kr).

제페토 이용자는 2.5억 명에 달하며, 모든 이용자는 생산 플랫폼 제페토 스튜디오를 통해 건물, 조경, 패션 소품 등 자신만의 디지털 자산을 만들고 판매할 수 있습니다. 디지털 자산을 생산하는 크리에이터는 약 150만 명이고 누적 판매 아이템 수는 5,000만 개를 상회하였으며, 향후 지속적으로 증가할 전망입니다. 실례로 '렌지'라는 크리에이터는 제페토 스튜디오를 활용하여 월 1,500만 원 이상의 매출을 창출하고 있습니다.

제페토는 로블록스처럼 이용자가 게임을 제작할 수 있는 스튜디오 출시를 준비하는 등 생산 플랫폼을 확장하고 있습니다. 이제 제페토에서도 크리에이터들이 게임을 만들어 수익을 창출할 것입니다.

[그림 1-2-7] 제페토와 게임 스튜디오

자료: 임영신(2021.6.8.). "'2억 명 메타버스' 네이버 제페토, 한국판 로블록스 만든다". 매일경제.

제페토는 라이브 서비스도 제공하고 있습니다. 본인이 꾸민 제페토 아바타로 실시간 방송을 할 수 있는 새로운 서비스입니다. 제페토 스트리머들은 제스처, 코디, 아이템, 배경 설정 등 여러 가지 기능들을 사용해서 방송을 제작하고, 시청자들은 채팅을 하며 마음에 드는 스트리머에게 코인 또는 젬 아이템을 후원할 수 있습니다.[26]

[그림 1-2-8] 제페토 라이브 방송

자료: https://www.youtube.com/watch?v=aO2_0e7gO1o, 제페토 홈페이지.

---

26) 제페토 홈페이지 참조.

제페토의 아바타는 제페토 드라마, 상황극 등 다양한 콘텐츠로 확산하면서 메타버스 드라마라는 새로운 장르를 개척하는 중입니다. 가상현실의 3D 아바타를 이용한 드라마 제작이 Z세대 사이에서 유행함에 따라, 본인의 모습을 투영해 만든 아바타를 이용한 드라마를 제작하고 소비하고 있습니다. 크리에이터들은 웹툰, 웹소설, 웹드라마를 지나 이제는 메타버스 드라마 전성시대를 열어갑니다. 10대 제페토 드라마 유튜버 '이호'의 구독자는 1만 2,300명이지만, 누적 조회 수는 275만 건이 넘습니다. 2019년 말부터 꾸준히 영상을 만들었고, 가장 인기가 많은 영상은 무려 조회 수가 53만 회에 이르며, 영상마다 조회 수가 1만여 건을 상회하고 있습니다.[27]

다. 이프랜드(ifland)

2021년 7월 출시된 SK텔레콤의 메타버스 플랫폼 이프랜드(ifland)는 가상공간에서 아바타를 통해 커뮤니케이션하는 데 중점을 둔 서비스입니다. 각종 행사에 적합한 구조를 갖추었다는 것이 장점으로, 최대 131명이 참여할 수 있는 방 안에서 음성을 기반으로 실시간 소통을 하거나 대형 스크린으로 PPT 자료 또는 영상을 틀 수 있습니다. 지금 이프랜드 내에서는 활발한 기업 제휴가 이루어지는데, 서비스 출시 후 방송·대기업·금융권·학교·지자체 등 다양한 산업 영역에서 한 달간 수백 건의 제휴 문의가 이어지고 있습니다. 80여 개국에 출시하며 글로벌 진출에 주력할 계획을 밝혔으며, 가상현실(VR) 헤드셋인 '메타 퀘스트' 버전을 출시해 많은 사람이 다양한 방식으로 이프랜드에 접속해 생활할 수 있도록 할 예정입니다.

27) 박수빈(2021.10.30.). "제페토 아바타 연기력은?…메타버스 드라마가 뜬다". 이데일리.

[그림 1-2-9] 이프랜드

자료: 이프랜드 홈페이지(https://ifland.io/).

이프랜드는 이프랜드 플랫폼에서 활동하는 크리에이터인 이프루언서(ifluencer)
가 경제활동을 통해 수익을 창출할 수 있도록 지원하기로 했습니다. 이프루언서들
은 자신의 아이템이나 저작물을 제작·판매하고, 기업들은 쇼룸과 매장을 열거나 콘
퍼런스·콘서트 등 행사를 진행할 수 있게 발전시킬 계획이며, 이를 위해 이프랜드
내 전용 화폐 발행도 검토하고 있습니다. 고객 스스로 이프랜드 안에서 사용하는 의
상이나 아이템을 제작해 거래할 수 있는 마켓 시스템을 구축하여, 단순한 놀이가 아
닌 새로운 라이프스타일로 자리 잡는 요소를 추가한다는 취지입니다. 커뮤니티를
구성하여 후원하거나 입장료를 받을 수 있는 수익 모델도 기획하고 있어 향후 다양
한 생산 활동이 이프랜드에서 이루어질 것으로 전망됩니다.

[그림 1-2-10] 이프랜드에서 구상 중인 크리에이터 수익 모델

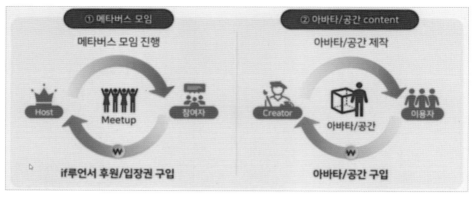

자료: 김수현(2021.8.19.). "'메타버스서 월1,500만 원 벌게 될 것'··· 이프랜드의 자신감". 머니투데이.

이프랜드는 참여형 메타버스 웹드라마를 제작하여 새로운 경험을 제공하고 있습니다. 누구나 아바타(Avatar)를 통해 배우가 되고 서로 협력해서 드라마를 만들어보는 새로운 경험을 제시하는 데 초점을 맞췄습니다.

[그림 1-2-11] 이프랜드의 메타버스 드라마 '만약의 땅'

자료: 김민선, 이균성(2021.11.4.). "누구나 배우가 되고 드라마를 만드는 '새로운 경험' 창조한다". ZDnet.

메타버스 플랫폼 기업들은 여러 지식재산권(Intellectual Property, IP) 사업자와 제휴·협력 관계를 맺으면서 사업 분야를 급속히 확장하고 있습니다. 메타버스 주 이용자층인 10~20대를 주요 소비자이자 홍보·소통 대상으로 보는 패션, 엔터테인먼트, 제조, 방송, 교육, 공공 등 다양한 분야의 IP 사업자가 참여 중입니다.

[표 1-2-1] 메타버스 플랫폼과 IP 사업자 제휴·협력 사례

플랫폼	기업/기관	내용	
제페토	구찌 (패션)	– 구찌 IP를 활용한 아바타용 패션 아이템 출시 및 브랜드 홍보 공간 구축 – '테니스클래시'(게임)에서 캐릭터 의상 출시 및 실제 구찌 웹사이트에서 해당 상품 판매 병행	
	나이키 (패션)	– 아바타용 신발 등 패션 아이템 출시 – '포트나이트'(게임)의 아바타 신발 아이템 출시	
	YG, JYP 외 (엔터)	– 소속 연예인 특화 가상공간 제작 – 연예인 아바타를 활용한 사인회, 공연 등 이벤트 개최	
	디즈니 (엔터)	– '겨울왕국' 캐릭터 활용 아바타 출시 – '포트나이트'에 마블 캐릭터 활용한 아이템 출시	
	다이아TV (방송)	– 다이아TV 유튜버의 제페토 진출 및 제페토 내 인플루언서의 유튜버 진출 등 상호 협력 추진	

플랫폼	기업/기관	내용	
제페토	한국관광공사 (공공)	– 한강공원 등 서울 관광지 가상공간에 재현 – 해외 이용자 대상 한국 여행 홍보 이벤트 진행	
LOL	루이뷔통 (패션)	– 루이뷔통 IP를 활용한 캐릭터 아이템 제작 및 출시	
동물의 숲	LG전자 (제조)	– 게임 공간에 올레드 섬(OLED Island)을 제작하여 LG 올레드 TV 소개 및 게임 이벤트 진행	
점프 VR	순천향대 (교육)	– 순천향대 본교 대운동장을 가상공간에 재현 – 대학 총장과 신입생이 아바타로 참여하여 입학식 진행	

자료: SW정책연구소(2021). 『메타버스 비긴즈(BEGINS): 5대 이슈와 전망』 재구성.

2. 무한한 길을 여는 메타버스 하드웨어

HMD(Head Mounted Display)는 증강현실 안경, 가상현실 헤드셋 등 머리에 착용할 수 있는 형태의 디스플레이 기기를 통칭합니다. 기존 TV·PC·스마트폰 등에서 경험하기 어려운 몰입감 높은 환경을 제공하며 문화예술·의료·군사 등 다양한 분

야에서 활용이 기대됩니다.[28]

메타(Meta, 前 페이스북)의 메타 퀘스트2(前 오큘러스 퀘스트2)를 기점으로 HMD는 메타버스 경험을 제공하는 중요한 기기로 주목받고 있습니다. 가상현실(VR)과 증강현실(AR)을 구현하는 가상융합(XR) 기술 헤드셋의 세계시장 규모는 2021년 1분기에 2020년 동기 대비 3배 가까이 성장한 것으로 나타났습니다. 메타 퀘스트2는 성능 개선, SW 업데이트를 지속하여 합리적인 가격으로 소비자를 공략 중이며, 2021년 1분기까지 누적 판매량은 460만 대를 기록하였고 2021년 1,000만 대 돌파가 예상됩니다. 국내에서도 SK텔레콤이 메타 퀘스트2를 공식 판매하면서 완판을 기록하여 주목받고 있습니다. SK텔레콤에 따르면 2021년 2월 2일부터 판매한 1차 물량은 3일 만에 1만 대가 판매되었고, 이후 2차 판매에선 약 4분 만에 완판되는 등 연속 매진을 이어가는 파란을 불러일으켰습니다.

[그림 1-2-12] 메타의 오큘러스 퀘스트2

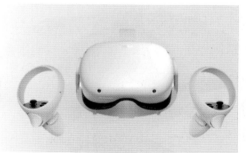

자료: SK텔레콤.

---

28) 강민식, 이영호(2015). "가상현실을 위한 착용형 디스플레이 발전 동향". 『The Magazine of KIICA』. 16(1). pp.38-45.

메타는 메타 퀘스트2 판매 호조로 시장점유율이 75%까지 증가했습니다. 중국의 DPVR이 기업·교육 분야에 집중하며 6%로 2위에 올랐고, 플레이스테이션 VR 후속 작을 내놓지 못하고 있는 소니는 5%로 2016년 이후 처음으로 3위까지 하락했습니다. HMD 시장점유율에서 1위와 2위의 차이는 매우 커서 메타의 시장 지배력이 높아지고 있는 상황입니다.

[그림 1-2-13] 글로벌 5대 기업 HMD 시장점유율

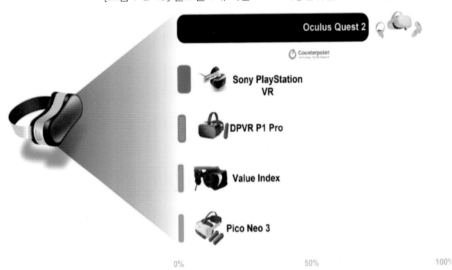

자료: Counterpoint(2021년 상반기 기준).

메타 퀘스트2 판매량 증가와 함께 메타 스토어(前 오큘러스 스토어)에서 콘텐츠 판매도 증가하고 있는데, 특히 고가 콘텐츠 판매가 늘어나고 있어 기기와 콘텐츠의 동반 성장 구도가 형성되고 있습니다. 지난 1년간 VR 유저들이 콘텐츠에 소비한 금액은 1억 달러에 달합니다. 20개 이상의 타이틀이 100만 달러의 수익을 올렸고, 10개 이상의 VR 타이틀은 200만 달러의 수익을 기록하기도 했습니다.

[그림 1-2-14] 메타 스토어 판매

Sept 2020	Feb 2021	oculus

Over 35 titles on the Quest Platform
generate revenue in the millions

Over 60 titles on the Quest Platform
generate revenue in the millions

$1M+	29 Titles / 20 Titles
$2M+	11 Titles / 11 Titles
$3M+	13 Titles / 4 Titles
$5M+	10 Titles / 3 Titles
$10M+	6 Titles

자료: 메타(Meta).

메타(Meta)는 2021년 9월에 일반 선글라스처럼 생긴 스마트글라스 '레이밴 스토리'를 공개했습니다. 레이밴 스토리는 소셜미디어 기능에 특화되어 있는데, 500만 화소 카메라 2대, 스피커 2대, 마이크 3대가 탑재돼 사진과 동영상 촬영, 전화 통화와 녹음 등을 할 수 있습니다. 안경테의 버튼을 누르면 촬영이 되고, 30초 길이의 동영상 35개 또는 사진 500장을 저장할 수 있습니다. 촬영물은 메타(Meta) 전용 애플리케이션을 통해 사용자의 계정에 바로 업로드할 수 있으며, 가격은 299달러 수준입니다.

[그림 1-2-15] 스마트 글래스 '레이밴 스토리'

자료: 메타(Meta).

페이스북은 회사명을 메타로 변경하며 신형 헤드셋 '프로젝트 캄브리아(Project Cambria)'도 공개했습니다. 프로젝트 캄브리아는 메타 퀘스트와 별개로 개발되는 신형 기기이며, 외형적으로는 기존 메타 퀘스트2보다 전면부가 얇아진 것이 특징입니다.

[그림 1-2-16] 메타의 '프로젝트 캄브리아'

자료: 메타(Meta).

신형 헤드셋은 메타 퀘스트에서 더 많은 혼합현실 체험을 가능하게 해주는 패스스루 API(Passthrough API)를 활용하여, 컨트롤러 없이 두 손으로 게임 등을 즐기는 핸드 트래킹, 음성으로 기기를 컨트롤할 수 있는 보이스 SDK(Voice SDK) 등을 지원합니다. 핸드 트래킹으로 열 손가락 움직임을 각각 추적하고, 이를 토대로 피아노 연주 시연을 하거나 게임 등을 컨트롤하는 것이 가능해졌습니다.

음성 컨트롤은 원하는 게임이나 앱 이름을 부르는 방식으로 실행할 수 있어 더 편하게 각 프로그램을 쓰면서도 접근성을 높일 수 있습니다. 두 기능을 비롯한 새로운 SDK는 콘텐츠 개발자를 대상으로 한 프로토타입 빌드가 공개됐고, 테스트 등을 거쳐 향후 메타 퀘스트를 비롯한 메타 VR 하드웨어에 정식으로 도입될 예정입니다.

[그림 1-2-17] 메타 퀘스트의 피아노 연주 시연

자료: 메타(Meta).

메타는 2021년 3월, 리얼리티 랩스(Reality Labs)에서 개발 중인 AR 손목밴드도 소개했습니다. 증강현실 안경과 함께 손목밴드는 가상의 물체 및 상황을 제어하는데, 손의 힘과 각도는 물론 1mm의 움직임도 포착합니다. 2019년 인수한 CTRL-랩스 기술을 토대로 제작되었으며, CTRL-랩스는 생각으로 컴퓨터를 조작하는 기술을 개발하는 기업입니다.

[그림 1-2-18] 메타의 AR 손목밴드

자료: 메타(Meta).

HTC 바이브(VIVE)는 2021년 5월 차세대 가상현실(VR) 헤드셋과 SW를 출시하면서 가상현실 시장 주도권 확보를 위해 노력하고 있습니다. HTC 바이브(VIVE)가 선보인 가상현실(VR) 헤드셋은 '바이브 포커스 3(VIVE Focus 3)'와 '바이브 프로 2(VIVE Pro 2)' 2종입니다. '바이브 포커스 3'는 PC 없이 사용할 수 있는 독립형 가상현실(VR) 헤드셋이며, '바이브 프로 2'는 PC 기반 전문가용 가상현실(VR) 헤드셋입니다.

[그림 1-2-19] 바이브 포커스 3와 프로 2

자료: HTC.

또한, HTC 바이브(VIVE)는 2021년 10월에 새 VR 헤드셋 '바이브 플로우(Vive Flow)'를 공개했습니다. '바이브 플로우'는 기존 VR 헤드셋과 달리 크기가 작고 무게가 가벼워 착용감이 크게 개선되었고, 무게는 189g으로 기존 가상현실(VR) 헤드셋의 500g과 비교해 획기적으로 낮아졌습니다. 이 제품은 무게를 줄이기 위해 배터리를 탑재하지 않아 USB-C 포트를 통해 전력을 공급해야 하며, 메타 퀘스트 2나 바이브 포커스 3와 같은 독립형과 달리 스마트폰과 연동해 사용해야 합니다.

[그림 1-2-20] 바이브 플로우

자료: HTC.

이 외에도 거울, 타워, 트레드밀 등 다양한 형태의 메타버스 기기들이 개발, 출시되어 대중화를 위해 노력 중입니다.

[표 1-2-2] 다변화되는 메타버스 기기

구분		AR 시장 기회
Care OS의 Poseidon (거울)		- 개인위생, 피부관리 및 웰빙에 중점을 둔 가정용 화장실용 스마트거울 - 사용자의 피부 건강을 분석해 필요한 기능성 화장품을 추천(깨끗한 치아 유지 방법, 헤어 추천도 포함)
Gatebox Grande (Tower)		- 네이버 라인의 자회사 'Gatebox'는 기존 탁상용 AI 홀로그램 Assitant 'Gate box'의 크기를 키운 'Gatebox Grande' 공개(2021년 3월) - 2m 높이의 접객용으로 개발된 대형 캐릭터 소환 기기 - 심도 센서를 통해 사람이 접근 시 반응
HaptX Gloves (장갑)		- VR의 촉각 경험을 극대화한 글러브 - 133개의 촉각 Fredback 센서 부착으로 가상에서도 실제 물건을 만지는 듯한 경험을 제공
Virtuix Omni One (트레드밀)		- 2021년 하반기 출시 예정 가정용 보행 가상현실 기기 - 가상공간에서 사용자의 웅크리기, 쪼그리고 앉기, 뒤로 젖히기, 점프하기 등 자유로운 움직임을 지원 - 시선과 움직임을 일치시켜 '인지 부조화'를 줄일 수 있어 가상현실 기기의 문제점 중 하나인 멀미 문제를 해소

자료: SW정책연구소(2021). 『메타버스 비긴즈(BEGINS): 5대 이슈와 전망』.

3. 자발적 소비와 생산의 주체, 메타휴먼

　　메타휴먼(Meta Human)은 디지털 휴먼(Digital Human)이라고도 불리며, 인간의 모습과 유사한 형태를 하고 인간과 같은 상호작용이 가능한 3차원 가상 인간을 의미합니다. 복합적인 인공지능(AI) 기술을 활용하여 실제 인간과 유사한 상호작용이 가능할 뿐만 아니라, 고도의 컴퓨터그래픽 기술을 통해 실제 인간과 구분이 어려울 정도로 사실적인 외양을 지니고 있습니다. 과거에는 메타휴먼 제작에 막대한 비용과 시간이 소요되었으나 최근 인공지능(AI), 클라우드, 컴퓨터그래픽 기술 발전으로 제작이 쉬워지고 있습니다. 메타버스의 부상과 함께 메타휴먼의 활용도 또한 증가하고 있는데, 엔터테인먼트·유통·교육·금융에 이르기까지 다양한 분야로 확장될 것으로 전망됩니다.

　　미국 스타트업 기업 브러드(Brud)가 개발한 메타휴먼 '릴 미켈라(Lil Miquela)'는 19살의 로스앤젤레스 출신 브라질계 미국 여성이라고 소개되었으며, 음원 발매 등 다양한 활동을 하는 인기 모델입니다. 2016년 4월 인스타그램으로 데뷔한 후 캘빈 클라인, 샤넬, 프라다 등 유명 명품 브랜드의 모델로 활동하면서 2020년에만 약 130억 원을 벌어들인 것으로 추정됩니다. 릴 미켈라는 버추얼 인플루언서 중 세계에서 가장 많은 인스타그램 팔로어 수(약 300만 명)를 보유하였으며, 2018년에는 『타임』이 발표한 '인터넷에서 가장 영향력 있는 사람 25인'에 방탄소년단과 함께 선정되기도 했습니다. 테크크런치(TechCrunch)에 따르면, 2021년 1월 릴 미켈라는 1억 2,500만 달러(약 1,475억 원)의 투자를 받을 정도로 유망하다는 평가를 받고 있습니다.[29]

---

29) 구본권(2021.10.4.). "로지, 미켈라…사고 안 치는 '가상인간' 모델계 대세 될까". 한겨레경제사회연구원.

[그림 1-2-21] 릴 미켈라의 활동

CHANEL
Calvin Klein
VOGUE

자료: https://medium.com/curg/

화즈빙(華智冰)은 2021년 6월 칭화대학교에 입학한 중국 최초의 인공지능 대학생으로, 컴퓨터과학과에서 학생 ID와 이메일 주소를 부여해 등록된 학생입니다. 화즈빙은 IQ와 EQ가 높고 문학·예술에 조예가 깊으며, 취미는 시 쓰기와 그림 그리기입니다. "내가 어떻게 태어났으며, 내가 나를 이해할 수 있을까?"라고 되물으면서 '지에 탕 교수 지도 아래에서 공부하겠다'고 언급하기도 했습니다. 칭화대학교 컴퓨터과학과의 지에 탕 전임 교수는 실제 사람의 얼굴과 음성을 가상으로 합성해 화즈빙을 만들었다고 밝혔습니다. 화즈빙은 초대형 인공지능 모델인 우다오 2.0으로 구현되었으며, '2021 베이징 인공지능 아카데미(BAAI) 콘퍼런스'에서 6월 1일 공개된 딥러닝 기반 우다오 2.0은 1조 7,500억 개의 매개 변수를 사용하고 있는 것으로 알려졌습니다. 화즈빙은 2021년 기준으로 여섯 살 수준의 지능을 가지고 있지만, 1년 안에 열두 살 수준으로 지능을 높일 계획이라고 합니다.

[그림 1-2-22] 중국 최초의 인공지능 대학생 화즈빙

자료: 고석현(2021.9.29.). "탕웨이 뺨친다…대륙 홀린 中 국민여동생 정체 발칵". 중앙일보.

　　로지는 싸이더스 스튜디오 엑스가 만든 메타휴먼으로 처음에는 평범한 사람인 것처럼 인스타그램에 사진을 올리다가 나중에 메타휴먼임을 공개했습니다. 이후 로지는 폭발적인 인기를 끌어 인스타그램 폴로어 수가 10만 명을 상회하였으며, 로지가 참여한 신한라이프 광고는 2개월 만에 조회 수 1,100만 회를 넘어섰습니다. 또한, 8건의 광고 계약으로 그 수입만 10억 원에 달하는 것으로 알려졌는데, 최근 로지는 광고를 넘어 새로운 영역으로 진출을 시도하고 있습니다. 조만간 말을 하는 것은 물론 노래와 연기, 라이브쇼 진행 등까지 하게 될 전망이고, 시간과 공간의 제약에서 벗어나 과거나 미래로 시간 여행도 떠날 계획이라고 합니다. 지금까지 로지의 활동 영역은 주로 광고와 인스타그램 위주였지만, 향후 노래와 연기 등까지 활동 영역이 넓어질 것으로 예측되며, 이를 위해 최근 로지의 목소리 제작이 완료되었다고 발표되었습니다.

[그림 1-2-23] 가상인간 로지의 광고 장면

자료: 신한라이프.

메타휴먼의 활용 분야는 엔터테인먼트, 유통, 교육, 방송 등 다양한 분야로 확대되고 있습니다. 특히 엔터테인먼트 분야에서는 가상의 모델, 가수, 배우, 인플루언서(Influencer), 게임 캐릭터 등으로 활동합니다. 이 외에도 마케팅 홍보, 고객 응대, 아나운서, 교사, 건강 상담, 운동 코치 등 다양한 분야에 적용되고 있습니다.

[그림 1-2-24] 주요 메타휴먼 사례

자료: SW정책연구소(2021). 『메타버스 비긴즈(BEGINS): 5대 이슈와 전망』.

"물리적 공간의 제한이 없는 사이버 공간에서는 테크닉, 인터페이스, 아이디어만 있으면 실제로 굉장히 근사한 작품들을 만들어냅니다."
_ 이상욱 교수(한양대학교 철학과, 유네스코 AI 윤리 전문위원)

"공간이 달라졌기 때문에 그 안에서 갇혀 지내는 형태가 아니라 다른 어디선가 이제 배워 오는 형태로 가겠죠. 이러한 경계가 사라짐으로써 학습에 대한 개념도 이제 바뀌었고요."
_ 한선관 교수(경인교대 컴퓨터공학과, 한국인공지능교육학회장)

"대다수 책에서는 미러월드(Mirror World)라고 표현해요. 그러나 인간이 존재하는 세계 측면은 거울이지만 다 다르게 해석하고, 어떻게 보면 아바타도 한계가 있는데도 불구하고 다르게 표현할 수 있는 창의력의 세계라는 것을 주지시키고 있죠. 예술가가 더 놀랐을 거 같아요."
_ 이혜원 대표((주)기어이)

"이건 진짜 계급장 떼고 하는 시장이다."
_ 김유정 팀장(프린트 베이커리 신규사업팀)

다양한 전문가의 의견과 연구 보고서들을 종합해보면 메타버스는 기존의 한계와 경계를 뛰어넘는 새로운 공간이자 새로운 패러다임이라고 할 수 있습니다. 기존에는 물리 공간에서 이루어지던 창조, 학습, 경쟁 등 모든 활동과 이를 바라보는 시각 모두 새로운 국면을 맞이하고 있습니다. 특히 메타버스의 자유로운 창조 가능성·능동성·익명성 등이 주목받고 있으며, 많은 기업과 기관에서 이를 활용한 새로운 가능성을 모색 중입니다.

더 샌드박스 공동 설립자 세바스찬 보르제(Sebastien Borget)는 인터뷰를 통해 '메타버스는 우리의 상상력을 더욱 풍부하게 표현할 수 있게 해주는 도구이며 인간에게 내재된 탐험 욕구를 충족해줄 것'이라 밝혔습니다.[30] 모든 것이 규정되지 않은 메타버스 공간을 나아가게 하는 힘은 창의력과 상상력이며, 이를 통해 변화된 시각은 역할 전환, 세대교체, 범위 확장 등 다양한 파급효과를 이끌 것입니다.

---

30) 임준혁(2021.10.24.). "[인터뷰] 세바스찬 보르제 더 샌드박스 공동 설립자가 생각하는 메타버스". 코인데스크 코리아.

예술·교육 영역의
메타버스 사례

메타버스와 예술의 만남

1. 메타버스 예술 관련 콘텐츠 산업 및 정책 동향

가. 메타버스와 예술

예술은 다양한 방식으로 표현돼왔으며 현대에 들어서는 기술과 예술이 함께 서로를 변화시키며 발전하고 있습니다. 20세기 전후 개발된 다게레오타입(Daguerreotype)이라는 사진술은 이후 시네마토그래피(Cinematography)·영화·라디오·TV 등 방대하고 다양한 정보를 더욱 많은 대중과 더 빠르게, 더 다양한 공간에서 공유할 수 있게 해주었습니다. 이러한 영상미디어를 통한 시각예술의 기계적 재생산은 예술을 대하는 대중의 반응을 일방향 소통 구조에서 양방향 또는 다중 방향으로 변화시키는 계기가 되었습니다. 20세기 중반 개발된 컴퓨터와 비디오 촬영기, 영상 프로젝션 장치 그리고 20세기 후반 www(World Wide Web)와 유무선 통신기술 등은 우리의 일상생활과 사회 문화 영역 전반에 영향을 끼쳤고 예술 표현 매체로도 자리를 잡았습니다.[1]

---

1) 김규정(2016). "미디어 아트에서 정보 시각화와 상호작용 표현 방법". 『방송과 미디어』. 21(2). pp.36-50.

일반적으로 디지털 아트의 정의를 논의할 때는 20세기 중반의 플럭서스(Fluxus) 그룹의 설치예술, 행위예술과 같은 실험적 예술과 볼프 포스텔(Wolf Vostell), 백남준을 중심으로 한 비디오 아트를 기점으로 합니다. 이렇게 출발한 디지털 아트는 디지털 매체의 발달에 따라 더욱 심화하고 분화하여 여러 가지 이름으로 불리고 있으며, 최근에는 뉴미디어 아트라는 큰 틀로 통칭하고 있습니다. 먼저, 디지털 아트란 디지털 매체를 활용하여 표현한 예술을 포괄하는 용어로, 디지털 매체 및 디지털 정보가 가지는 특징을 활용한 예술을 의미합니다.[2] 미디어 아트와 퍼포먼스, 비디오 아트, 비디오 설치, 사진적 조작, 가상현실, 인터렉티브 형식과 함께 컴퓨터를 사용해 새로운 이미지를 창조하는 예술이라고도 할 수 있습니다.[3]

뉴미디어 아트의 등장은 예술가의 역할과 예술의 미적 개념이라고 할 수 있는 미학을 변화시켰으며, 이는 근본적인 방향의 전환을 시사합니다. 독일의 철학자이자 미디어 이론가인 노르베르트 볼츠(Norbert Bolz, 1995)는 뉴미디어 시대의 예술을 "새로운 주도 과학으로서의 미학"이라고 정의하였습니다. 이는 예술가의 역할 축소가 아닌 예술가의 역할 변화, 즉 예술가와 과학자가 협업을 통해 예술작품을 창조한다는 것을 뜻합니다. 많은 예술가와 이론가들이 뉴미디어 아트에서 강조하고 주목하는 것은 '소통과 상호작용'입니다. 노르베르트 볼츠는 예술의 가치가 "관조에서 유희"로 그 무게중심이 넘어갔다고 하면서, 중요한 것은 "작가가 부여한 의미 체계가 아닌, 수용자(관객)가 예술을 어떻게 받아들이느냐에 있다"라고 주장하였습니다. 이를 '수용자 미학(Reception Aesthetics)'이라고 부르며, 이 입장에서는 수용자의 감

---

2) 김정희(2015). "디지털아트 읽기를 통한 문화교육". 『문화예술교육연구』. 10권 1호. pp.113-131.
3) Rush, M.(2003). 『뉴 미디어 아트』. 심철웅(역). 시공아트. p.186.

각적인 체험과 극적인 경험을 중요한 요소로 보고 있습니다.[4] 영국의 디지털 아티스트이자 이론가인 로이 애스콧(Roy Ascott)은 1990년에 발표한 '텔레마틱[5] 포용에 사랑이 있는가?'라는 논문에서 정보통신기술이 만든 새로운 차원의 연결에서도 '인간성'이 존재한다고 이야기했습니다. 그는 텔레커뮤니케이션[6]을 바탕으로 하는 예술작품이 어떻게 문화와 창조를 끌어내는지에 주목하며 텔레마틱 아트[7]의 정신을 역설하였으며, 예술가는 참여적인 내러티브를 만들 수 있는 네트워크 환경을 이용해 관객으로 하여금 작품의 형성과 전개에 영향을 끼치며 새로운 작품을 창조하는 '참가자'가 되게 하였습니다. 텔레마틱 아트는 과학의 범주에도 예술의 범주에도 속하지 않지만, 다양한 방식으로 두 담론에 모두 연관되어 있으며 예술적·과학적·기술적 역량과 상호 의존하며 발전하게 되었습니다.[8]

디지털 아트는 20세기 중반 컴퓨터가 개발되면서 이전과 다른 새로운 기계적 절차에 의한 시각화 표현을 시작했습니다. 이후 TV 스크린, 포터블 비디오의 등장과 함께 카메라 비디오 영상, 비디오 스크린, 비디오 프로젝션 등의 영상미디어는 모든 문화 영역의 기본적인 시각적 표현 도구로 자리 잡았습니다. '비디오 아트의 아

---

4) 노소영(2014). 『디지털 아트』. 자음과모음.

5) 프랑스어로 통신(Telecommunication)과 정보(Informatique)의 합성어. 통신과 컴퓨터의 융합 및 그에 의하여 야기되는 사회적 변화를 종합적으로 가리키는 용어로, 1978년 1월 프랑스의 재무심사관 시몬 노라(Simon Nora) 등이 대통령에게 제출한 '사회의 정보화'라는 보고서에서 처음으로 사용함(출처: 시사상식사전, pmg 지식엔진연구소).

6) 그리스어로 '거리가 먼'이란 뜻의 'Tele'와 라틴어로 '연결'이라는 뜻의 'Communication'의 합성어로, 한 지역(발신자, 송신기 또는 신호원)에서 멀리 떨어져 있는 다른 지역(수신자, 수신기 또는 목적지)에 정보를 전송하는 것을 뜻하는 용어. 오늘날에는 텔레커뮤니케이션이 송수신에 필요한 모든 하드웨어와 소프트웨어를 포함하여 케이블이나 무선 매체를 통한 정보의 전송이란 매우 광범위한 뜻으로 사용됨(출처: IT용어사전, 한국정보통신기술협회).

7) 텔레마틱 아트는 컴퓨터에 의한 통신망 기술을 이용하여 창조적인 참가의 장을 지구상에 확장하고자 하는 새로운 의식 개척을 계획하는 아트 표현을 말함. 로이 애스콧이 제창한 개념으로 넷 아트(Net Art)의 일종인데, 텔레마틱 아트가 목표하는 것은 지구 의식(Global Consciousness)을 육성하고자 하는 원대한 개념임(출처: IT용어사전, 한국정보통신기술협회).

8) 노소영(2014). 『디지털 아트』. 자음과모음.

[그림 2-1-1] 백남준 비디오 아트 주요 작품 사례

자료: (좌) 전남일보(2020.8.4.). "[이선의 큐레이터 노트 9] 새로운 시대, 도전의 예술가 백남준". 작품명: 전자 초고속도로.
    (우) 김규정(2016). "미디어 아트에서 정보 시각화와 상호작용 표현 방법". 『한국방송공학회지』. 21(2). pp.36-50. 작품
    명: 메가트론 매트릭스.

버지'라 불리는 백남준은 비디오 매체를 활용한 여러 작품을 발표했습니다. 2002
년 미국의 스미스소니언 미술관에 전시 설치된 '전자 초고속도로(Electronic Super
Highway, 1974)'는 멀티매체 비디오 설치 작업으로, 49채널의 폐쇄회로 비디오와
TV 세트가 조합된 작품입니다. '메가트론 매트릭스(Megatron Matrix, 1995)'는 215
개의 모니터(Megatron: 126×270×24inches, Matrix: 128×128×24inches)로 이루어진
8채널 라이브 비디오 영상과 컴퓨터 생성 애니메이션이 혼합된 설치 예술로 미국
구겐하임 미술관에 전시되어 있습니다.

 이후 대중에게 보급된 인터넷 기반의 미디어와 콘텐츠는 문화예술 정보에서 생
산자와 수용자 간 구분을 무너뜨리면서 대중 커뮤니케이션의 정보 시각화를 이끌
었으며, 사용자는 온라인상에서 다양한 정보 및 데이터 조작을 통한 상호작용을 할
수 있게 되었습니다. 최근에는 공개 언어(Open Source Language)를 통해 예술가나
디자이너, 소프트웨어 개발자들이 다양한 정보나 데이터를 쉽게 시각화하고 있습

[그림 2-1-2] 모바일을 활용한 미디어 아트 사례

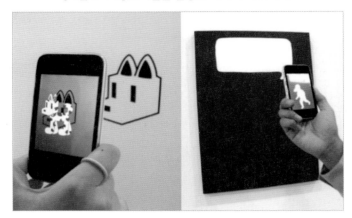

자료: 김규정(2016). "미디어 아트에서 정보 시각화와 상호작용 표현 방법". 『한국방송공
학회지』. 21(2). pp.36-50.

니다. 상호작용 애니메이션, 게임, 데이터 시각화, 영상처리, 피지컬 컴퓨팅, 앱 개발,
가상현실 처리, 맵핑 등 다양한 쌍방향 프로젝트를 통해 표현 방법이 발전하고 있습
니다. 일례로 2010년 인천 국제 디지털 아트 페스티벌(Incheon International Digital
Art Festival, INDAF)에서는 모바일을 통해 인식한 현실 세계에 3차원 가상 물체나
정보를 겹쳐 보여주는 증강현실(AR)을 활용한 상호작용 게임 형식의 미디어 아트
가 선을 보였습니다. 관객들은 이 작품을 통해 데이터 조절, 효과 생성, 사용자 간 데
이터 공유 등 다양한 방식의 상호작용을 경험합니다.

한편, 2011년 한국콘텐츠진흥원은 '문화기술(CT) 심층 리포트'를 발표하며 인터
렉티브 미디어 아트가 문화 사회에 미치는 영향력을 분석하였습니다.[9] 다양한 디지
털 미디어와 콘텐츠의 보급으로 뉴미디어 아트는 이미 일반 대중도 쉽게 접할 수 있

9) 한국콘텐츠진흥원(2011). "예술 디지털 기술과 융합하다, <인터렉티브 미디어 아트>". 『문화기술 심층 리포트』. 5월호.

는 영역까지 다다랐습니다. 관객의 능동적 참여가 필수인 인터렉티브 미디어 아트
는 예술이 대중에게 더욱 가까이 다가갈 수 있는 수단이 될 것으로 예상됩니다. 기술
이 발전할수록 뉴미디어 아트도 동반 성장하겠지만, 뉴미디어 아트의 독특한 아이
디어가 기술 산업에 응용되는 역발상 또한 기대할 수 있습니다. 결국에는 언제 어디
서나 자연스럽게 예술을 접할 수 있는 환경이 구현될 것입니다. 더불어 인터렉티브
미디어 아트는 디지털 미디어가 어떻게 현대 사회를 변화시켰는지 성찰할 수 있는
계기를 제공하며, 예술의 비판적·풍자적 사고방식을 통해 디지털 미디어 확산으로
인한 현대 사회의 문제점을 우회적으로 제시하는 역할을 함께하리라고 봅니다.

나. 메타버스 예술 콘텐츠 산업 동향

글로벌 컨설팅 기업 PwC(Pricewaterhouse Coopers)는 전 세계 메타버스 경제가
2019년 50조 원에서 2025년에는 540조 원, 2030년에는 1,700조 원 규모로 성장할 것
으로 예상하였습니다. 그에 따라 콘텐츠 제작사와 솔루션 업체의 협업이 다양하게
이루어지고 있으며, 국내에서도 버추얼 프로덕션 스튜디오 구축과 콘텐츠 제작이
활발하게 진행되고 있습니다. 버추얼 미디어 플랫폼 기업 '브이에이코퍼레이션'은
2021년 6월 경기도 하남시에 가상환경의 실감형 콘텐츠 기획 제작과 실시간 시각효
과 기술 전반을 아우르는 기술 버추얼 프로덕션 스튜디오 '브이에이 스튜디오 하남'
을 개관하였습니다.

[그림 2-1-3] 버추얼 스튜디오 구축(예정) 사례

자료: (좌) 벤처스퀘어(2021.7.27.). "가상 콘텐츠 제작사들 '버추얼 스튜디오'로 승부수".
(우) 연합뉴스(2019. 6. 11.). "파주에 CJ ENM 복합 방송콘텐츠월드 조성…아시아 최대".

　　삼성전자와 CJ ENM은 경기도 파주에 약 1,800억 원을 투자해 국내 최대 규모의 LED 월을 보유한 시각특수효과(VFX) 스튜디오인 'CJ ENM 콘텐츠월드' 건립을 추진하고 있습니다. 파주 통일동산지구에 2023년 완공 예정인 CJ ENM 콘텐츠월드는 드라마 촬영부터 관광객 체험까지 가능한 '원스톱 콘텐츠 제작 시설'로, 약 21만 2,884㎡(약 6만 4,000평) 규모의 부지에 10여 개의 테마별 대규모 스튜디오 및 야외 오픈세트, VFX(Visual Effects, 시각효과)·SFX(Special Effects, 특수효과) 등이 가능한 특수 촬영 스튜디오와 경찰서·병원 등 상설세트, 각종 방문객 편의시설 및 전시·체험 스튜디오 등이 지어질 예정입니다. 이를 통해 연간 120만 명의 국내외 관광객 유치 및 향후 10년간 고용 창출 효과 2만 1,000명, 생산 유발 효과 2조 2,000억 원을 전망하고 있습니다.

　　이 외에 덱스터스튜디오는 파주에 43억 원 규모의 버추얼 스튜디오를 연내 완공할 예정이며, 자이언트스텝 또한 LED·모션캡처 버추얼 스튜디오 두 곳을 증설하여 2020년 6월에 완공하였습니다. 콘텐츠 제작업체 아센디오는 콘텐츠 솔루션 기업 자이언트스텝과 손잡고 네이버 웹툰 원작 블록버스터 영화 '하이브'에 VFX를 포함한 시각 및 특수 효과 기술을 사용했습니다. 메타버스 콘텐츠 제작사 비브스튜디오스는 그룹 방탄소년단(BTS)·투모로우바이투게더 등이 소속된 하이브와 손잡고 최근 투모로우바이투게더의 신곡 '루저러버' 뮤직비디오에서 코로나19 영향으로 해외 촬영이 어려운 사막 등의 배경을 버추얼 프로덕션 기술로 구현했습니다.

SK텔레콤은 2021년 4월 K-POP 메타버스 프로젝트를 발표하였습니다. 이 프로젝트는 디지털 휴먼 콘텐츠, 뮤직비디오, 콘서트와 팬미팅 등의 콘텐츠를 중심으로 진행될 예정이며, SK텔레콤이 이미 보유한 점프 VR과 AR 앱, 혼합현실 제작 스튜디오인 '점프스튜디오'를 통해 최대한 빠른 시일 안에 K-POP 아티스트를 보유한 회사들과 제휴를 맺어 하나의 생태계를 만들어가는 것을 목표로 하고 있습니다.

NFT의 등장은 메타버스와 예술의 만남에서 특히 강조되고 있습니다. '크립토 아트(Crypto Art)'라고도 불리는 NFT 아트는 아직 완전하게 정립되지 않은 개념이지만, 기본적으로 블록체인을 기반으로 한 희귀한 디지털 아트라고 볼 수 있으며 새로운 예술 장르로 급부상하였습니다. 크립토 아트에는 성별·인종·교육 수준·스킬

[그림 2-1-4] SK텔레콤 K-POP 메타버스 프로젝트

K팝 메타버스 프로젝트

AR기반 디지털 휴먼 콘텐츠	메타버스 뮤직비디오	메타버스 콘서트/팬미팅 등
'점프 AR'	유튜브 등 미디어 채널	'점프 버추얼 밋업'

글로벌 K팝 열풍 주도 / 혼합현실 콘텐츠 대중화 기여

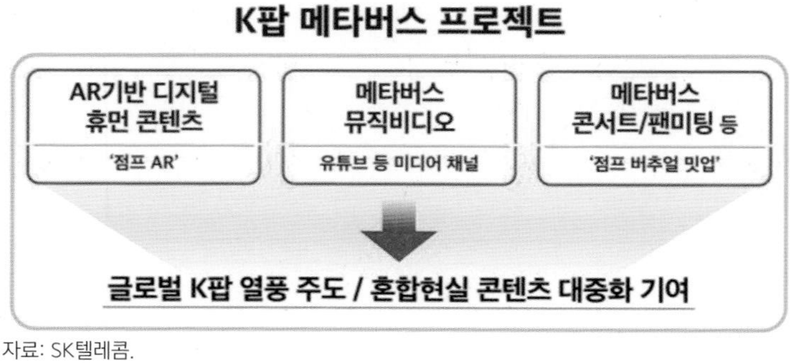

자료: SK텔레콤.

등 배경이나 경력과 관계없이 누구나 참여가 가능합니다. 특유의 심미성과 함께, 주로 인터넷 문화를 정의하는 인물들과 사건들을 표현한다는 특징이 있습니다. NFT 아트와 크립토 아트는 그 용어가 혼용되고 있지만 NFT 아트가 NFT 매개체를 통해 미술 작품을 거래하는 하나의 시장을 지칭한다면, 크립토 아트는 하나의 새로운 예술장르 혹은 예술운동을 지칭하는 경향이 있습니다.[10]

2021년 3월 디지털 예술가 '비플(Beeple)'의 NFT 작품 'EVERYDAYS: THE FIRST 5060 DAYS'가 크리스티 경매에서 6,930만 달러(한화 약 786억 원)에 낙찰되면서 화제를 모았습니다. 이 작품은 비플이 2007년부터 5,000여 일 동안 하루도 쉬지 않고 하루에 하나씩 그린 디지털 미술 작품을 조합한 단일 NFT 작품입니다. 국내에서는 미술 투자 서비스 기업 피카프로젝트가 2021년 3월 국내 최초로 진행한 NFT 미술품 경매에서 마리킴의 'Missing and found'(2021)가 288이더리움에 낙찰되기도 했습니다. 예술 분야에서 NFT에 주목하는 이유는 희소성 및 소유권과 관련이 있습니다. NFT라는 블록체인 기술은 한번 생성되면 삭제하거나 위조할 수 없으므로 해당 자산의 원본 인증서이자 소유권 증명서로 활용되기 때문입니다.

[그림 2-1-5] NFT 아트 작품 사례(좌: 비플, 우: 마리킴)

자료: (좌) 중앙일보(2021.3.18.). "비플은 어떻게 최고의 NFT 암호화 아티스트가 됐나?".
　　　(우) 경향신문(2021.3.19.). "국내에서도 주목받는 'NFT' 미술품…마리킴 작품 6억 원에 낙찰".

---

10) 성소라, 롤프회퍼, 스콧맥러플린(2021). 『NFT레볼루션』. 더퀘스트.

[표 2-1-1] 예술 콘텐츠 분야 NFT 활용 국내외 사례

분야	국적	내용
미술	미국	- 가수 그라임스(Grimes)의 디지털 그림을 65억 원에 경매 -디지털 아티스트 비플의 JPG 파일 형식 디지털 아트 작품을 약 785억 원, 비디오 클립을 약 74억 원에 경매
	홍콩	- 인공지능 로봇 '소피아'가 그린 그림 MP4 파일 NFT 7억 원에 경매
	국내	- 마리킴의 디지털 그림 작품 첫 경매를 시작으로 미술계 활용 활발함 - 마이아트옥션, 고미술품 '십장생도'를 실물 복제한 뒤 NFT화하여 저작권을 주식처럼 분할하여 판매
게임	일본	-'모여봐요 동물의 숲' 개개인의 작품·자산을 NFT를 통해 소유권 인정
	스웨덴	-'마인크래프트' 개개인의 작품·자산을 NFT를 통해 소유권 인정
	미국	-NFT 기반 게임 '크립토키티' 출시
	국내	-더 샌드박스, 캐릭터·장비·패션·아트 등 4종류 NFT 자산 거래 가능한 NFT 마켓 플레이스 베타버전 출시
음악	미국	-록밴드 킹스 오브 리온, 최초로 음악 앨범을 NFT 형태로 출시
	국내	-가수 하연, AI가 작곡한 음악과 AI 영상 편집기술이 적용된 뮤직비디오를 NFT 콘텐츠로 글로벌 NFT 마켓 민터블에 출시 -비트썸원, 음악의 원천 콘텐츠에 해당하는 비트 음원을 국내외 온라인 유통 플랫폼에 출시
기타	미국	-잭 도시 트위터 CEO가 올린 최초의 트윗을 약 27억 7,000만 원에 경매

자료: 한국콘텐츠진흥원(2021). "메타버스와 콘텐츠".『KOCCA포커스』통권 134호. 재구성.

다. 메타버스 예술 콘텐츠 정책 동향

　　메타버스 문화예술 관련 국내 정책 동향을 살펴보면, 우선 문화체육관광부는 2022년 '메타버스 콘텐츠 제작 지원'에 204억 원을 신규 예산으로 책정했습니다. 한국적인 메타버스 콘텐츠 육성으로 초연결·초실감 시대를 선도하고, 문화를 중심으로 한 일상생활의 디지털 대전환 및 실현을 가속화하는 것을 정책의 중심에 두고 있습니다. 세부 내용을 살펴보면 '한국 문화 확산 메타버스 콘텐츠 제작 지원'에 66억 원, '콘텐츠 기업 역량 강화 및 공적 기능 연계 지원'에 139억 원, 그 외 메타버스 및 문화기술, AR·VR과 관련하여 '글로벌 가상 공연 핵심 기술 개발'에 25.9억 원, 'IP 연계 실감형 콘텐츠 제작 및 체험 지원'에 60억 원, '차세대 실감 콘텐츠 및 SW 저작권 핵심 기술 개발'에 60억 원이 책정되었습니다.

[그림 2-1-6] 문화체육관광부의 메타버스 전통 생활문화 체험 콘텐츠 예시

<추석> 한복입고 강강술래 ｜ <동지> 팥죽 만들기 이벤트 ｜ <정월대보름> 부럼깨기

자료: 문화체육관광부 보도자료(2021.9.1.). "일상 회복과 문화강국 도약을 위한 2022년 문체부 예산".

[표 2-1-2] 2022년 문화체육관광부 메타버스 콘텐츠 제작 지원 사업

사업	내용
전통문화 기반 콘텐츠 제작·공급	전통 문양 콘텐츠 활용, 한복·한식·한옥 등 의식주 및 강강술래·윷놀이 등 전통놀이 체험 콘텐츠 제작 지원
예술 메타버스 확장 지원	온라인 미디어 활용 예술작품 발표 및 향유자 소통을 지원하기 위한 온라인·메타버스형 예술 콘텐츠 제작 지원
장르 기반 메타버스 콘텐츠 활성화 지원	게임 및 애니메이션을 메타버스 플랫폼에서 활용 가능한 콘텐츠로 전환 및 K-패션 콘텐츠(디지털 패션쇼·론칭쇼) 제작, 메타버스 매장(버추얼 스토어) 운영 및 홍보 마케팅 지원
한국어 교육 콘텐츠 개발	외국인 대상 메타버스 세종학당 운영 및 한국어 교육 콘텐츠 제작 및 보급
국가 이미지 홍보 콘텐츠 제작·공급	메타버스에 활용할 해외 홍보 다국어 콘텐츠 제작 지원 및 온라인 홍보
스포츠 아카이브 범용화 지원	스포츠 영상자료(아카이빙) 기반 동작 콘텐츠 제작, 아바타 공연 체험 및 교육 활용 지원
저작권 기반 메타버스 생태계 조성	MZ세대 대상, 효율적·효과적인 맞춤형 저작권 교육관·전시관 구축 및 전시 체험·홍보 등 추진
문화 여가 메타버스 진흥 체계 운영	세계를 선도하는 K-메타버스 신산업 촉진 공모전 개최 및 신규 서비스 사업화 지원, 제도 연구 추진

자료: 문화체육관광부 보도자료(2021.9.1.). "일상 회복과 문화강국 도약을 위한 2022년 문체부 예산".

문화체육관광부가 지원하는 주요 디지털 문화예술 관련 사업을 살펴보면, 우선 한국문화예술위원회가 2020년부터 진행 중인 온라인 미디어 예술 활동 지원 사업 '아트 체인지업(Art Change UP)'이 있습니다. 연간 40억 원의 국가 예산을 들여 기존 오프라인 중심 예술 활동에서 벗어나 창의적인 온라인 예술 콘텐츠 제작을 지원하고 예술 콘텐츠를 개방·공유함으로써 국민이 다양한 온라인 예술을 향유하게 하는 것이 주된 사업 방향입니다. 지난 2020년 지원 사업에서는 17개 시도 광역문화재단과 협력해 다양한 지역에서 총 1,141개의 온라인 예술 콘텐츠 창작 프로젝트를 선발하고 지원하였습니다. 온라인 예술 콘텐츠로서 그 수용도 및 완성도, 발전 가능성 등을 확인하기 위한 온라인 모니터링·평가 절차를 통해 14개 예술인(단체)의 작품을 '주목할 만한 온라인 미디어 예술작품'으로 선정하기도 하였습니다.

[표 2-1-3] 아트 체인지업 사업 개요

사업 목적	-기존 오프라인 중심 예술 활동에서 벗어나 온라인 예술 콘텐츠 제작 지원을 통한 온라인 예술 창작 역량 강화 지원 -통합 사업 누리집을 통한 예술 콘텐츠 개방으로 대국민 온라인 예술 향유 기회 제공 및 창작자 대상 온라인 예술 활동 정보 제공		
사업 유형	① 콘텐츠 제작형(진입) 온라인 예술 '진입 단계'의 예술인·단체를 위한 온라인 미디어 활용 신규 예술 콘텐츠 제작 지원	② 콘텐츠 제작형(성장) 온라인 예술 '성장 단계'의 예술인·단체를 위한 온라인 미디어 활용 신규 및 후속 예술 콘텐츠 제작 지원	③ 플랫폼형 온라인 예술 콘텐츠 활용 플랫폼사업자(운영자)의 자체 콘텐츠 시리즈 제작 및 서비스 기획·제공 지원
신청 대상	(공통) 예술인·단체, 스타트업, 협동조합, 사회적 기업, 소셜벤처, 중소기업 등 (진입-콘텐츠 제작) 온라인 예술 활동을 처음 시작하거나 익숙하지 않은 예술인·단체 등 (성장-콘텐츠 제작) 온라인 예술 활동 경험이 최근 3년간 2회 이상이며, 콘텐츠 제작 역량을 갖춘 예술인·단체 등 (플랫폼) 새로운 플랫폼을 계획 중이거나 기존 플랫폼을 운영 중인 개인·단체 등		
지원 내용	콘텐츠 제작 및 플랫폼 서비스 기획·운영 등 사업 수행 관련 직접경비 지원		
지원 분야	문학, 시각예술, 뮤지컬, 연극, 무용, 음악, 전통예술, 다원 예술, 문화 일반 등 기초예술 분야 전 장르		
지원 대상 사업	기초예술 분야 소재 기반의 온라인 미디어 활용 예술 콘텐츠(오디오, 영상, 앱, 게임 등 형식 제한 없음) 제작 및 연계 서비스 지원		

자료: 아트 체인지업 홈페이지(https://artson.arko.or.kr/artson/).

다음으로는 한국문화예술위원회가 진행 중인 예술과 기술 융합 지원 사업을 눈여 겨볼 수 있습니다. 한국문화예술위원회는 변화하는 사회와 기술 환경에서 지속 가 능한 예술 창작을 위해 기초예술 분야에 과학기술을 접목한 다양한 지원 사업을 추 진한다는 목표를 가지고 국내 예술·기술 융합 창작 기반을 조성하고자 융복합 예술 창작 프로젝트 소개 및 예술과 과학기술 분야 전문가가 협업하는 소통의 공간인 '아트앤테크 플랫폼'을 개설하였습니다.[11]

2017년 시작된 '아트앤테크 활성화 창작 지원 사업'은 기술 융합을 통해 표현되는 다양한 예술적 시도와 창작 활동 지원을 목표로 진행되었는데, 2020년부터는 유형① 제작 지원과 유형② 후속 지원의 두 유형으로 지원 방식을 세분화하여 총 13개 작품을 선정합니다. 유형①의 단계별 제작 지원에서는 '기획·시연 단계 지원'에 총 10개 프로젝트를 선정하여 초기의 기술 적용 및 시연 비용을 지원하고, 제작 지원 부

[그림 2-1-7] 한국문화예술위원회, 예술과 기술 융합 지원 사업

자료: 아트앤테크 홈페이지.

---

11) 아트앤테크 플랫폼 홈페이지(https://www.arko.or.kr/artntech/).

분에서는 이들 작품 중 중간평가를 통해 4개 프로젝트를 선정한 다음 관련 분야 자문단을 통해 기술 멘토링 및 시연, 전시, 공연 등을 제공하는 방식입니다. 유형② 우수 작품 후속 지원은 기술을 접목한 예술 창작 작품 중 이미 시연 및 쇼케이스 단계를 완료한 우수 작품의 재창작 및 후속 개발을 지원하는데, 2020년에 선정된 3개 프로젝트에는 기술 개발비·제작비·대관료 등 직접경비를 지원한 바 있습니다. 또, '예술과 기술 융합 주간'을 개최하여 다양한 학술적 교류와 담론을 만들고 있으며, 2020년에는 아트앤테크 페어(Art&Tech Fair) VR 갤러리를 오픈하기도 하였습니다.

다음으로 해외 메타버스 문화예술 정책 동향으로 영국과 싱가포르를 살펴보고자 합니다. 영국은 우리나라와 더불어 메타버스 관련 정책과 산업이 활발하게 발전하는 나라 중 하나입니다. 영국과 싱가포르 모두 한국과 같이 정부 중심의 다양한 문화예술 정책을 펼치는 국가이고, 문화예술 관련 부처 산하에 예술위원회(Art Council)를 두고 정책을 시행하는 등 비슷한 문화예술 정책 모델을 갖고 있습니다.

우선 영국은 예술과 기술의 만남을 매우 적극적으로 지원하는 대표적인 국가라고 할 수 있습니다. 영국 디지털문화미디어스포츠부(Department for Digital, Culture Media & Sport, DCMS)는 '디지털 컬처 프로젝트(Digital Culture Project)'를 통해 문화와 기술이 어떻게 서로에게 이익이 될 수 있는지를 탐구해왔는데, 그 내용을 바탕으로 2019년 '문화는 디지털이다(Culture is Digital)' 보고서를 발간하였습니다. '청중', '디지털 기술 및 수용력', '미래 전략'이라는 3가지 주제를 다룬 이 보고서는 영국 내 관련 기관에 많은 영향을 끼칩니다. 그 내용은 청중 측면에서 문화 조직들이 더 많은 청중의 데이터를 수집·분석하고 공유하여 대응력 있는 접근 방식을 개발할 것을, 디지털 기술 및 수용력 측면에서는 기술 격차 지적 및 디지털 기술 확산의 이점을, 미래 전략 측면에서는 디지털 및 문화 부분의 경쟁 우위 선점 및 기술을 통한 새로운 문화예술 경험 창출 방법을 강조하고 있습니다.

이에 영국문화예술위원회와 국립복권유산기금, 로열 셰익스피어 시어터 등 다양한 공공 문화예술 기관에서는 보고서의 권고를 이행하는 사업과 프로젝트들을 활발히 진행 중입니다. 영국의 국립과학기술예술재단(Nesta)은 1998년 한화 450억 원 규모의 복권기금으로 설립되었고, 2010년부터 독립 민간기관으로 운영되고 있습니다. 영국예술위원회와 함께 기술과 새로운 아이디어의 융합 방안을 연구하는 '퓨처스코핑(Futurescoping)' 프로그램을 진행하고 있으며, 이는 '아트 앤드 컬처 2030(Art and Culture in 2030)' 등으로 발전하여 운영 중입니다. 그 일환으로 발간된 문화예술 2030 미래 전략 수립 및 진단 보고서 『실험적 문화: 호라이즌 스캔(Experimental Culture: A horizon scan)』은 기술혁명의 프리즘으로 변화의 흐름을 찾아 이에 대응하는 환경 구축을 위한 현재 추세 분석 및 도전 과제 연구로 이루어졌습니다.[12]

영국 연구 혁신 기구(UK Research and Innovation, UKRI)[13]의 '오디언스 오브 더 퓨처 챌린지(Audience of the Future Challenge)'는 실감 기술을 활용한 신제품과 서비스를 개발하기 위해 기업과 연구원들에게 최대 3,300만 파운드(약 507억 원)를 투자하였습니다. 창조 산업 분야의 새로운 몰입 경험을 위한 실감 콘텐츠 제작, 대규모 관객을 대상으로 한 테스트와 연구 개발 시범 프로그램을 추진하고 1,000만 파운

---

12) ACE, Nesta(2018). Experimental Culture: A horizon scan.
13) UKRI(UK Research and Innovation)는 '모두의 이익을 위한 혁신'이라는 목표 아래 영국 전역의 번영과 공익을 연결하는 포괄적인 연구 및 혁신 시스템 구축을 촉진하며 투자하고 있음.

드(약 154억 원)를 조성하여 지원 센터를 건립합니다. 아울러, 실감 기술 기반 스토리텔링 제작을 위한 첨단 창의 교육 및 연구 개발 사업 등을 지원하고, 스토리텔링에 중점을 둔 60개의 실감 콘텐츠 프로덕션에 공동 기금을 지원할 예정입니다. 2009년에 BBC 아이플레이어 개발자들이 창업한 회사인 '디지털 시어터(Digital Theatre)'는 온라인 공연 구독 플랫폼을 세계 최초로 구축한 바 있습니다.

2009년 영국 국립극장은 NT라이브를 시작하였습니다. 이는 안정적인 수익 모델로 자리를 잡게 되어 1년 동안 영국 내 700개 상영관에서 1만 1,000회 이상, 해외에서는 2,500회 이상 상영되었습니다. 2012년 영국 정부가 BBC, 영국예술위원회와 공동으로 설립한 '더 스페이스(The Space) 재단'은 영국 예술 디지털화의 핵심 역할을 하고 있으며, 1년에 800여 개 단체가 혜택을 받고 있습니다. 더 스페이스 재단은 디지털 기술을 영국 예술에 접목하여 더 많은 사람에게 예술작품과 그 가치를 전달하는 것을 목표로 하면서, 창작과 아카이빙 지원뿐 아니라 마케팅이나 유통 방면의 다양한 교육 프로그램도 제공합니다.

[그림 2-1-8] 영국 디지털 시어터(Digital Theatre) 홈페이지

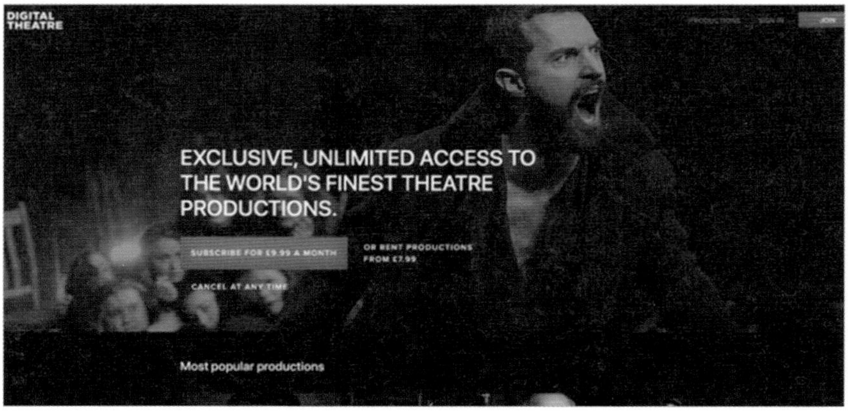

자료: 더아프로포커스(2020.11.4.). "공연예술 영상의 진화: 영국을 중심으로".
https://www.theapro.kr:441/kor/now/now_view.asp?idx=577

영국문화예술위원회는 관계 기관과 유기적으로 협력해 다양한 사업을 지원 중입니다. 2020년 2월 영국문화예술위원회가 국립복권유산기금과 제휴하여 출범한 '디지털 문화 나침반(Digital Culture Compass)'은 문화유산 단체들의 디지털 기술 접근 방식 변화와 향후 더 효과적인 사용을 이끄는 온라인 툴킷(개발 환경)입니다. 이 프로그램은 더 스페이스 재단의 주도 아래 이루어지고 있습니다. 디지털 문화 네트워크(Digital Culture Network)는 2019년 3월부터 문화 분야에 특화 지원을 시작했습니다. 9개의 디지털 전문 분야(전자상거래, 소셜미디어, 웹디자인, CRM 및 티케팅, 데이터 및 분석, 디지털 마케팅, 디지털 전략, 비디오 및 라이브)에 걸친 장단기 지원과 다양한 분야의 워크숍을 제공합니다.

또 '크리에이티브 XR(CreativeXR)' 프로그램을 통해 새로운 기술의 잠재력으로 창의력을 탐구하는 문화 단체와 예술가에게 작품 개발 자금을 지원하고 있습니다. 2013년부터 매년 디지털 문화 설문조사를 진행하고 있는데, 이 조사는 문화예술 분야 내 디지털 기술의 채택·사용·영향에 관한 동향 조사로 영국문화예술위원회 정책을 알리는 데 도움을 줍니다. 영국문화예술위원회는 조사 결과를 바탕으로 문화예술 분야의 디지털 혁신 발전 방향을 탐구하고 있습니다. 산업 전략 챌린지 펀드(Industrial Strategy Challenge Fund)와 예술과 인문 연구 지원회(Arts and Humanities Research Council)가 함께 운영 중인 '창의 산업 클러스터 프로그램(Creative Industries Clusters Programme)'은 타 산업과 가상융합(XR) 기술의 융합 발전을 지원하는 프로그램입니다. 소프트웨어 및 컴퓨터 서비스, 디자인, 출판, 음악, 영화, 건축 등 다양한 유관 기업과 기관이 참여하면서 연구자와 기업 간 지식 창출 및 교환, 협업을 매개하고 있습니다.

[표 2-1-4] 영국 창의 산업 클러스터 주요 프로그램

프로그램명	내용
Bristol+Bath Creative R+D	창의 R&D: 현장실습 지원, 디지털 공간 연구 등 -대중에게 새로운 디지털 플랫폼 공간 경험 기회 제공 -사회적 약자 계층에 영화 산업계와 협력해 현장실습 프로그램 지원 -멀티유저 AR 라이브 음악 체험, 증강도시 콘퍼런스 등 제공
Clwstwr Creadigol	뉴스 서비스 및 스크린 산업: 저비용·맞춤형 비주얼이펙트 제작 스튜디오 등 -미디어 업체, 웨일스 국립현대무용단 등에 XR 등 혁신 기술 활용 지원 -저비용·맞춤형 비주얼이펙트(Visual Effect) 제작 스튜디오 개발 등
Future Screens NI	영화, 방송, 애니메이션, 게임 산업: 몰입형 게임 기술 개발 등 -VR 어드벤처 게임 제작, 장애 음악가를 위한 제스처 기반 VR 음악 환경 -미국 연구소와의 국제협력, 연구소 설립, 펠로십 프로그램 수립 등
StoryFutures	전시·공연 산업: 전시·공연 분야 몰입형 콘텐츠 지원 등 -갤러리 체험용 VR 제작, AR을 활용한 캠페인 제작 -VR, 촉각 등 몰입 기술을 결합한 오페라 제작 지원 -학계와 연계하여 중소기업 XR 기술력 향상 지원
StoryFutures Academy	몰입형 스토리텔링: 몰입형 스턴트 드라이빙·다큐멘터리 등 -XR 기술을 학습, 실험, 개발할 수 있는 몰입형 랩 설립, 작가실 운영 -TV 프로그램 시청자를 위한 가상 경험 제공, VR 다큐멘터리 제작 지원 -방송사와 협력하여 청년층을 위한 몰입형 콘텐츠 제작
XR Stories	게임 및 미디어 산업: 게임-영화·전시 등 타 분야 R&D 협력 -디지털 스토리텔링을 위한 몰입형 및 인터렉티브 기술 개발 -문화 관련 조직 간 협업을 위한 18개 프로젝트 진행 -XR 인프라를 위한 시설 펀드 개설 및 관련 인턴제도 수립 -오페라와 XR 기술 결합, 몰입형 스크린 개발 등

자료: UKRI(2020). "The Story So Far. Creative Industries Cluster Programme". Spri 재인용.

다음으로 살펴볼 해외 정책 사례 국가는 싱가포르입니다. 싱가포르는 세계적 문화 중심지로 발돋움한다는 목표 아래 1999년부터 진행된 '르네상스 시티 프로젝트(Renaissance City Project, RCP)'를 단계적으로 추진 중입니다. 2004년까지인 1단계에서는 국립박물관과 국립미술관의 대대적인 리모델링과 에스플러네이드 대극장(Esplanade Theatre)의 신설, 2007년까지인 2단계에서는 싱가포르 내 문화예술 역량 국제화, 2012년까지인 3단계에서는 문화 기관과 국민의 역량 강화 및 콘텐츠 발굴에 초점을 맞춘다는 것입니다. 싱가포르 국립예술위원회(NAC) 통계에 따르면, 르네상스 시티 프로젝트 이후 싱가포르 내 공연과 전시 등 문화행사 개최 횟수는 1996년 6,094건에서 2007년 2만 6,626건으로 4배 이상 늘어났으며, 문화행사 관람객 수도 1996년 74만 9,600명에서 2007년 149만 4,900명으로 2배나 증가한 것으로 나타났습니다.

싱가포르의 문화예술 정책을 담당하는 주요 기관은 싱가포르 국립문화예술위원회(National Arts Council, NAC)로, 2019년 5월에는 디지털 전략부가 신설되어 운영되고 있습니다. 싱가포르 국립문화예술위원회는 디지털화를 위한 공공부문 혁신 추진에 따라 프로세스 개선, 디지털 채택 장려, 서비스 혁신을 위한 기술 활용 관련 사업을 내부에서 선제적으로 추진 중이기도 합니다. 2020년 5월부터는 싱가포르 문화부와 국립문화예술위원회(NAC), 문화재청(NHB) 등 3개 기관이 모여 디지털화 펀드(Digitalization Fund)를 조성하고 문화예술 분야의 디지털화를 정책적으로 지원하고 있습니다. 프리랜서 개인 작가 작품을 포함하여 신규 예술작품 또는 기존 작품의 디지털화를 한 프로젝트당 2만 싱가포르 달러(한화 약 1,700만 원) 한도로 지원합니다. 싱가포르 작가 축제, 예술 주간, 문화재 축제 등 주요 축제를 디지털 형태로 개최하는 사업도 추진 중입니다. 가상현실 플랫폼(Virtual Platform) 등을 활용해 여러 전시와 소장품에 접근할 수 있도록 디지털 박물관을 구축하였으며, 기존 디지털 문화예술 콘텐츠를 'A-list(https://www.a-list.sg/)' 사이트에서 통합하여 제공하고 있습니다.

2. 문화예술 분야의 메타버스 플랫폼 활용 사례

가. 가상전시 플랫폼

가상전시는 메타버스 플랫폼에서 가장 활발하게 활용되는 유형입니다. 일반 전시 뿐 아니라 아트페어, 옥션 등 상업적인 목적으로도 사용되며 이때 거래를 위해 가상화폐가 쓰이기도 합니다. 가상전시의 활성화에 힘입어 다양한 관련 플랫폼 개발도 이루어지고 있습니다.

[그림 2-1-9] (좌) 프린트 베이커리의 메타버스 내 '에디션 갤러리'
(우) 미스터 미상(Mr. Misang) '머니팩토리(2021)'

자료: 프린트베이커리.

미술품 경매사 서울옥션블루의 자회사인 프린트베이커리에서는 NFT 기반 디지털 아트에 특화된 브랜드를 에디션(eddysean)으로 정하고, 첫 메타버스 전시인 'The Genesis: In the Beginning'전을 2021년 7월 5일부터 25일까지 진행하였습니다. 이 전시는 NFT 아트 분야에서 이미 활동 중인 27명의 작가가 처음으로 민팅(화폐 주조를 뜻하는 Mint에서 비롯된 용어로 NFT 발행을 의미)한 작품들이 메타버스 플랫폼 중 하나인 크립토복셀(Cryptovoxels) 내 에디션 갤러리에 전시되는 방식으로 이루어졌습니다. 에디션 갤러리는 프린트베이커리가 전시를 위해 구매한 지상 2.5층짜리 가상의 섬으로, 에디션 홈페이지 링크나 크립토복셀 홈페이지에서 에디션 갤러리를 검색하여 입장하였습니다. 메타버스 플랫폼과 연결된 마켓플레이스를 통해 작품을 구매, 소장할 수 있어 눈길을 끌었습니다.

2020년 9월, 국내 최초 메타버스 전시 플랫폼으로 설립된 '믐'(MEUM, 대표 김휘재)에서는 예술 작가들이 창작물을 전시하고 홍보할 수 있도록 메타버스를 이용한 온라인 3차원(3D) 전시장을 운영하고 있습니다. '믐'은 작가들이 가장 필요로 하는 전시 홍보를 제공하고, 예술인들이 겪는 비용적 고충 또는 저작권과 관련한 법적 문제 해결을 돕기 위해 개발되었습니다. 창작자는 '믐'에 본인만의 스튜디오를 만들어서 그 안에 작품을 걸고 음악도 틀어 전시를 진행할 수 있는데, 2차원(2D) 작품 사진은 물론 조각·사물 등 3D 작품도 설치할 수 있으며, 완성된 전시장에 지인을 초대해 실시간 채팅을 하거나 제스처를 통해 감정을 전달할 수 있습니다. 플랫폼 속 캐릭터인 '므미'의 헤어스타일, 액세서리, 옷, 피부 등을 개인의 개성에 맞게 선택하는 것도 가능합니다.

'믐' 사용자는 기본으로 20개까지 작품을 업로드할 수 있도록 설정되어 있습니다.

[그림 2-1-10] '믐'을 이용한 전시 '에릭 요한슨전' 스틸 숏

자료: 스타트업투데이(2021.9.23.). "[인터뷰] '믐' 김휘재 대표 '미술 작품, 메타버스로 전시하세요'".

그 이상 작품을 설치하려면 믐에서 사용하는 가상화폐인 '포도'를 통해 인벤토리를 확장해야 합니다. 작가가 본인의 작품을 '믐' 서비스 내에서 판매하기를 원한다면 심사를 통해 스토어 등록이 가능하며, 이때 판매금의 대부분은 작가에게 돌아가고 소량의 수수료만 믐에서 가져가는 시스템입니다. 2021년 10월에는 신규 스타트업 발굴 투자처로 선정되어 111억 원 규모의 투자금을 확보하였습니다.

[그림 2-1-11] 가상현실 미술관 '보마' 입구 전경 및 전시장 내부

자료: 보마미술관(https://voma.space).

2020년 9월에는 100% 가상현실로 만들어진 보마미술관(VOMA, Virtual Online Museum of Art, https://voma.space)이 개관했습니다. 보마(VOMA)는 리 카발리에르(Lee Cavaliere) 관장이 큐레이팅을 맡았으며 영국 아티스트 스튜어트 셈플(Stuart Semple)이 총지휘를 담당하였습니다. 가상미술관을 처음 구상한 1999년에는 기술이 부족했고, 기술이 발전한 이후에는 상업성 부재로 실현을 하지 못하다가, 코로나 19로 인해 급격하게 늘어난 온라인 전시의 한계점을 발견하고 실현하게 되었습니다. 기존 온라인 전시의 한계점을 '체험'의 부재로 보고, 한정적인 방식으로 규정된 공간을 '클릭'하며 예술품을 관람하는 온라인 전시가 아닌 가상현실 기술에 이머시브(Immersive) 체험을 추가하는 방식을 택했습니다. 기존의 현실 속 미술관이 가상으로 옮겨간 것이 아니라, 처음부터 가상공간에 구축한 박물관으로서 실제 박물관 전시 공간처럼 이용자의 이동감을 살렸으며, 고전미술과 현대미술을 아우르는 폭넓고 충실한 아카이브를 기반으로 박물관 자료를 보여주고 있습니다. 또 개별 전시 작품은 구글 검색과 네이버 파파고 이미지 검색 기능과 연계하여 언어의 장벽도 극복하고 있습니다. 하지만 디지털 화면에 실제 미술관과 동일한 환경과 방법으로 전시된 작품을 감상하는 것은 메타 박물관의 시작으로 보일 뿐 완성으로 보기 어렵다는 시각도 존재합니다.

2021년 12월 개최한 부산국제아트페어에서는 시간과 공간에 구애받지 않고 작품을 감상할 수 있는 애플리케이션 기반 플랫폼을 구축하여 메타버스 가상전시관을 열고, 앱을 내려받으면 누구든지 이용할 수 있도록 하였습니다. 같은 해 8월 개최된 '넥스트 아트페어'에서는 젊은 아티스트 120팀의 디지털 작품을 메타버스에서 구매할 수 있었는데, 아티스트에게 수익의 100%가 돌아가는 착한 아트페어를 표방하였습니다.

나. 예술정보 플랫폼

시각예술 분야에서 메타버스 기술을 활용한 사례는 박물관이나 미술관의 전시 안내와 체험에서 확인할 수 있습니다. 스마트 전시 안내는 박물관이나 전시관에서 도슨트나 큐레이터가 할 수 있는 역할과 기능을 스마트 전시 공간 조성과 스마트 디바이스 및 웹·앱을 활용해서 관람객에게 제공하는 것을 뜻합니다. 스마트 전시 안내에서는 관람객 개인마다 에피소드가 만들어질 수 있고, 물리적 전시물이 주고자 하는 내러티브를 관람객의 눈높이에 맞추어 재구성해나가는 데 도움을 줄 수 있습니다. 또한 실제 전시 공간을 확장한 가상세계에서 관람객과 전시물, 관람객과 관람객, 관람객과 소셜네트워크 간에 공유 관계를 형성하는 것이 가능합니다.

메타버스 박물관의 대표적인 사례는 구글의 웹 기반 콘텐츠 '구글 아트 앤드 컬처(Google Arts and Culture)'입니다. 2020년까지 80여 개국 2,000여 개 세계 최고 박물관의 자료를 초고화질로 구축하고, 가상현실 등의 방법으로 서비스하고 있습니다. 최근에는 AR 앱 서비스로 현장과 가상갤러리가 중첩되어 실제 해당 공간에 있는 것

[그림 2-1-12] 로마 재탄생 프로젝트

자료: 로마 재탄생 프로젝트 홈페이지(www.romereborn.org).

처럼 체험하는 것도 가능해졌습니다.

1997년 미국·이탈리아·스위스·러시아 등 다국적 연합 연구팀이 재현한 '로마 재탄생(Rome Reborn)' 프로젝트는 약 10만 명이 사는 3세기 로마를 가상으로 재현한 시간 여행 콘텐츠로, 2007년 웹 VR 2.0 버전을 발표하였으며 2020년에는 오큘러스 VR(Oculus VR) 기반의 개인화 VR 체험 콘텐츠를 선보이고 있습니다. 이 프로젝트는 1974년 가상유산 학자인 버나드 프리셔(Bernard Frischer)로부터 시작되었고 UCLA 문화가상현실연구소(UCLA Cultural Virtual Reality Laboratory)에서 1997년 처음으로 개발을 시작하였습니다. 약 300만 달러의 예산이 투입되어 현재는 마이크로소프트 윈도(Microsoft Windows), 맥OS(MacOS), 오큘러스 리프트(Oculus Rift), 오큘러스 고(Oculus Go), 삼성 기어 VR(Samsung Gear VR) 및 HTC 바이브(HTC Vive)에서 사용할 수 있는 3.0버전까지 개발되었습니다. 로마제국 전성기였던 서기 320년의 로마를 배경으로 삼았으며, 당시 로마를 감쌌던 아우렐리우스 성벽(둘레 20km) 안의 건물 7,000여 채를 고고학자들의 고증을 거쳐 3차원 그래픽 기법으로 재현해낸 것입니다. 관람객은 당시 로마의 구석구석을 돌아다닐 수 있으며 콜로세움(원형 경기장), 원로원 건물, 비너스와 로마 신전 등 30여 채의 주요 건물 내부로 들어갈 수 있습니다.

로마 재탄생 프로젝트가 가상체험 콘텐츠라면, 베를린 자연사 박물관은 실제 박물관 곳곳에서 현실과 융합된 형태를 통해 메타버스 내에서 전시물들이 살아 움직이는 생태환경 체험형 전시 안내 프로그램을 구현했습니다. 공룡 골조 전시 공간이 있는 박물관 입구 중앙 홀에는 화석으로 맞추어진 유사 AR 고글형 디바이스 10여 대가 설치되어 있습니다. 고글을 통해 공룡 뼈 구조물을 보면 공룡이 살아 움직이는 가상현실 영상을 볼 수 있습니다. 고글형 외에도 대상 지적-오픈 모니터형 시스템도

네 곳에 설치해 운영하였는데, 유사 AR 시스템이 대상 공룡에 맞춰지면 공룡의 장기·근육·피부를 생성하는 영상화면 배경이 야외 공룡 생태환경으로 변하면서 공룡이 살아 움직이는 모습을 체험할 수 있는 방식입니다.

[그림 2-1-13] 베를린 자연사 박물관 메타버스 활용 사례

자료: 한국전자통신연구원(2014). 스마트 공간과 메타버스 전시 안내 기술 개발 동향.

다. 대중문화 공연 및 행사

대중문화 분야에서는 특히 비대면으로 콘서트를 개최할 수 있고 오프라인 콘서트보다 더 나은 수익을 창출할 수 있다는 점 덕분에 홍보 마케팅 측면에서 가장 앞서 메타버스를 활용하였는데, 최근에는 팬덤 대상 행사·공연 등으로 확장되는 추세입니다.[14] 2020년 4월 미국의 힙합 가수 트래비스 스콧(Travis Scott)은 에픽게임즈의 포트나이트 속 '파티로얄(Party Royale)'에서 유료 콘서트를 개최하였습니다. 트래비스 스콧의 아바타가 노래하고 유저들도 아바타를 통해 관람하는 방식으로 진행되었으며, 약 1,230만 명의 동시접속 기록과 2,000만 달러(한화 약 220억 원)의 굿즈 판매 수익을 기록한 것으로 알려졌습니다. 2021년 8월 7일부터 9일까지는 아리아나

---

14) 한국콘텐츠진흥원(2021). "메타버스와 콘텐츠". 『KOCCA포커스』. 통권 134호.

[그림 2-1-14] 메타버스 콘서트 주요 사례

자료: 이혜원(2021). 경기문화재단 연구 세미나 "메타버스와 함께 가는 문화예술교육". 발표 자료.

그란데(Ariana Grande)의 투어 무대가 진행되었는데, 총 5회의 공연이 준비되었으며 '포트나이트' 게임에 접속하여 누구나 무료로 콘서트를 관람할 수 있게 하였습니다. 그 외에도 존 레전드(John Legend), 저스틴 비버(Justin Bieber), 아바(ABBA) 등 해외 유명 가수들의 콘서트가 여러 메타버스 플랫폼에서 개최되었습니다. 그러나 이러한 메타버스 콘서트는 제작비 진입 장벽이 높아 주로 대형 가수의 공연이 먼저 진행되고 있으며, 관심이 높은 소수 인원만 공연 정보를 알 수 있다는 점에서 한계가 있습니다.

K-pop은 국내외 팬덤을 대상으로 한 오프라인 대면 행사 개최가 어려워지자 메타버스 플랫폼 안에서 팬들이 아티스트와 만날 수 있게 해주는 이벤트를 기획하며 새로운 콘텐츠 생산과 비즈니스 모델을 동시에 모색하고 있습니다. BTS는 2020년 9월 'Dynamite'의 안무 버전 영상을 '포트나이트' 파티로얄 모드에서 아바타 팬들에

게 처음으로 공개하였습니다. 이와 더불어 BTS의 안무로 제작된 2가지 이모트[15]가 포함된 'BTS Dynamite 팩'이 판매됨에 따라, 플레이어들은 새로운 이모트를 통해 뮤직비디오 공개 현장을 포함해 '포트나이트' 어디서든 BTS 스타일을 표현할 수 있습니다.

소니뮤직은 2020년 11월, 릴 나스 엑스(Lil Nas X)의 싱글 음원 첫 무대와 2021년 5월 자라 라슨(Zara Larsson)의 앨범 출시 기념 론칭 파티를 '로블록스'에서 선보였는데, 릴 나스 엑스의 음원 무대 관람자는 600만 명에 달했습니다. 지니뮤직은 국내 아이돌 그룹 SF9의 곡을 가상현실 콘서트로 옮겨 팬이 HMD를 쓰고 일인칭 시점으로 5개의 메타버스를 감상할 수 있는 앨범을 출시했습니다.[16] 이는 비대면 환경에서 아티스트와 팬이 기술을 기반으로 새로운 콘텐츠를 만들고 향유할 수 있게 된 사례로, K-pop 산업에서 기술을 기반으로 한 새로운 콘텐츠로 이어질 것인지 관심을 받았습니다. 국내 아이돌 그룹 블랙핑크와 ITZY가 '제페토'에서 가상 팬 사인회를 하는 등 메타버스는 비대면 시대의 K-pop 스타와 팬덤이 소통할 수 있는 새로운 장(場)으로 나아가고 있습니다.

이러한 흐름은 K-pop을 넘어 드라마 같은 대중 콘텐츠에서도 찾아볼 수 있습니다. 스튜디오드래곤은 제페토에 드라마 '호텔 델루나' 공간을 마련하고 아이템을 판매하였습니다. 이는 제작사가 가진 지적재산(IP)을 메타버스 플랫폼으로 확장한 것입니다. 제페토에서는 드라마 방영과 동시에 화제를 모은 여주인공 장만월(아이유)

---

15) 포트나이트 배틀로얄만의 독특한 의사소통 방식으로 이모트를 통해 춤을 추가나 벽에 스프레이로 그림을 그리고 혹은 농구공을 던지는 등 특별한 행동을 할 수 있음(출처: 에픽게임즈 홈페이지 https://www.epicgames.com).
16) 이재훈(2021.3.11.). "1인칭 시점 메타버스 공연…지니뮤직 'SF9 VP 앨범'". 뉴시스.

의 모자와 드레스, 신발, 액세서리 등을 구매할 수 있게 했으며 드라마의 명장면을
구현한 동영상 부스들도 선보였습니다.

3. 메타버스 문화예술 창작사례

메타버스 창작 및 제작은 가상현실(VR)과 모션 캡처 기술을 통한 공연 분야에서
활용이 두드러지며, 관객과의 실시간 상호작용을 통해 새로운 관객 경험을 창출하
고 있습니다. 최근 새롭게 등장한 XR 이머시브 연극은 현존감·몰입감 등을 특징으
로 하는 다중접속 공연인데, 주로 배우 1~2명당 소수의 관객 참여로 공연이 진행됩
니다. 이를 통해 공연은 관람 중심의 스토리텔링(Story Telling)에서 체험 중심의 스
토리리빙(Story Living)으로 바뀌는 과정에 있습니다. [17]

[표 2-1-5] 주요 XR 이머시브 연극의 개요

공연명	제작 연도	플랫폼	시간	가격	참여 인원	배우	장르
Under resents Tempest	2020~	Under Presents	45분	$14.99	8명	1명	연극
Finding Pandora X	2020~	VRCHAT	70분	$55	8~10명	2명	연극

---

17) 이혜원(2021). "이미 시작되었다. 문화예술에서의 메타버스". 경기문화재단 연구 세미나 '메타버스와 함께 가는 문화예술교육'.

공연명	제작 연도	플랫폼	시간	가격	참여 인원	배우	장르
The Severance Theory: Welcome to Respite	극장 2019 VR 2021	VRCHAT	30~ 45분	$45/ $25	10명	2명	연극
허수아비 (Scarecrow)	2020~	VRCHAT	20~ 50분	무료	3~4명	1명	무언극
LE BAL DE PARIS DE BLANCALI	2021~	별도 앱	35분	€45	10명	3명	무용극

자료: 이혜원(2021). "공연과 메타버스". 한국문화경제학회 발표 자료.

2021년 3월, 세계 3대 극단인 영국의 로열 셰익스피어 컴퍼니(RSC)는 '한여름 밤의 꿈'을 소재로 한 버추얼 퍼포먼스 '드림(DREAM)'을 상연했습니다. 셰익스피어의 '한여름 밤의 꿈'을 새롭게 해석한 '드림(DREAM)'은 로열 셰익스피어 컴퍼니와 영국의 크리에이티브 스튜디오인 마시멜로 레이저 피스트(Marshmallow Laser Feast), 런던의 대표적인 관현악단 필하모니아 오케스트라(Philharmonia

[그림 2-1-15] 로열 셰익스피어 극장 '드림(DREAM)' 공연 사례

자료: 로열 셰익스피어 컴퍼니 홈페이지(https://www.rsc.org.uk/).

Orchestra) 등이 함께 제작한 R&D 프로젝트입니다. 이는 UKRI의 정부 자금 지원 프로젝트인 '오디언스 오브 더 퓨처 챌린지(Audience of the Future Challenge)'의 4가지 데모 프로젝트 중 하나로서 진행되었습니다. 출연진은 센서가 부착된 라이크라(Lycra) 모션 캡처 슈트를 입고 영국 남부 포츠머스에 별도로 마련된 7m×7m 스튜디오에서 라이브로 공연하였습니다. 카메라 47대가 동원되었으며, 영화·게임·VR에 주로 활용되던 에픽게임즈의 언리얼 엔진으로 만들어진 숲속을 극 중 캐릭터가 달리거나 움직이면 라이브 스트리밍을 통해 송출되었습니다. 관객들은 스마트폰이나 PC, 태블릿을 통해 시청하면서 기기를 통해 실시간으로 공연에 참여할 수 있었고, 3차원 공간의 배우 아바타에게 반딧불이를 날리며 상호적 체험도 할 수 있었습니다. 이에 UKRI의 관계자 앤드루 치티(Andrew Chitty)는 "드림(DREAM)'은 디지털 기술이 공연과 결합하였을 때, 완전히 새로운 관객 경험이 어떻게 만들어지는지를 보여주었다"라고 평가하였습니다. 또, 로열 셰익스피어 컴퍼니의 디지털 개발 이사 사라 엘리스(Sarah Ellis)는 실시간 기술을 사용하는 라이브 공연의 미래를 논하며 "팬데믹 속 우리가 정말 놓치고 있는 것은 활력임을 인식하는 것"과 "이를 촉진하는 기술을 지원하는 것"이 매우 중요함을 강조하였습니다.

키이라 벤징(Kiira Benzing) 감독이 연출한 '파인딩 판도라 X(Finding Pandora X)'는 2020년 베니스영화제에서 초연 후 2021년 사우스 바이 사우스웨스트 영화제(South by Southwest Film Festival)에도 출품했으며, 가상시네마 스포트라이트 부문에서 관객상을 받았습니다. VR 기술과 라이브 극장을 결합하여 다인용 인터렉티브 경험을 통해 몰입감을 제공하였는데, 여기서 관객은 스토리 진행을 돕기 위해 배우 및 게임 내 세계와 상호작용하면서 스토리에서 역할을 하도록 하였습니다.

더 늦기 전에 판도라에서 희망을 되찾으려는 신 제우스와 헤라를 돕기 위하여 관객들이 그리스 합창단의 일원이 되어 올림포스산의 세계로 함께 여행을 떠나는 내용으로, 각각의 내러티브에 따라 각 그룹은 다른 이야기를 경험하게 됩니다. 예를 들어, 공연 중 한 시점에서 그룹의 몇몇 구성원은 도시를 탐험하기 위해 떠나고, 나머지는 올림포스 산기슭에서 제우스와 합류하여 술을 마시기도 합니다. '파인딩 판도라 X(Finding Pandora X)'는 특히 VR챗(VRChat) 1 8)을 활용하여 스토리를 효과적으로 표현하였습니다. 이를 통해 캐릭터의 크기나 게임 내 세계가 크게 변화하는 상호작용을 경험할 수 있습니다.

[그림 2-1-16] '파인딩 판도라 X(Finding Pandora X)' 공연 장면

자료: Double Eye Studios.

'더 세브란스 시어리: 웰컴 투 레스피트(The Severance Theory: Welcome to Respite)'는 2021년 트라이베카 영화제에서 공개된 VR 이머시브 연극으로, 실사 가상현실의 분야를 탐구하기 위해 기획된 4부작 시리즈의 첫 번째 작품입니다. 관

---

18) 2017년 2월 1일 출시된 다중 사용자 온라인 가상현실 소셜 서비스로 플레이어들은 3D 캐릭터 모델로 구현된 다른 플레이어들과 상호작용 할 수 있음(출처: 위키백과).

객 중 한 명은 다중인격장애를 앓는 주인공 아이로 참여하고, 다른 관객들은 그를 지켜보는 '고스트'로 참여하게 됩니다. 다중인격장애로 알려진 해리성정체감장애 (DID)라는 정신 질환의 렌즈를 통해 마음의 부분을 탐구하는 심리 스릴러이며, 관객들은 잊힌 어린 시절의 기억으로 초현실적인 여행을 시작하면서 주인공이자 호스트인 알렉스의 입장에서 연극적 경험을 접할 수 있습니다. 린지 스코긴(Lyndsie Scoggin) 감독이 연출하고, 코액트 프로덕션(CoAct Productions)과 페리맨 콜렉티브(Ferryman Collective)가 공동 제작하였으며, 2021년 레인댄스 이머시브 페스티벌(Raindance Immersive Festival)에서 최고의 내러티브 경험상을 수상하였습니다.

[그림 2-1-17] '더 세브란스 시어리: 웰컴 투 레스피트
(The Severance Theory: Welcome to Respite)'의 공연 장면

자료: https://uploadvr.com/vrchat-acting-vr-theatre/

메타버스와 교육의 만남

1. 메타버스 교육 관련 콘텐츠 산업 및 정책 동향

가. 메타버스와 교육

역사적으로 교육과 기술은 상호 선도적 발전을 통해 견인적 관계를 지속해왔습니다.[19] 교육은 산업혁명 이후 지속적인 번영을 이끈 기술 발전의 원동력이었으나, 디지털 혁명을 통해 급성장한 기술은 교육의 변화 속도를 앞지르는 중입니다. 이에 따라 최근 급격히 고도화된 기술 수준을 반영한 미래형 교육 전략 수립이 요구되고 있습니다.[20]

피어슨(Pearson)에 의하면, 1995년 이후 출생한 Z세대는 1980년 이후 출생한 밀레니얼 세대와 비교했을 때 책보다 유튜브, 교육용 앱을 활용한 학습을 선호하는 것

---

19) Goldin. C. & Katz. L.(2008). The race between technology and education. Cambridge. MA: Harvard.
20) 이원철 외(2020). 『지식경영 중심의 비대면 교육 플랫폼 개발 연구』. KISTI.

[그림 2-2-1] 기술과 교육의 발전 양상 비교

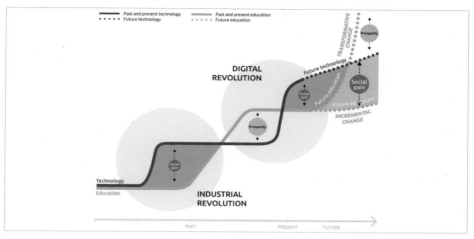

자료: OECD(2020), OECD Future of Education and Skills 2030.

으로 나타났습니다.[21] 이들은 비대면 문화에 익숙한 디지털 네이티브(Digital Native) 로서 웹 기반 콘텐츠와 VR·AR·XR 콘텐츠를 적극적으로 향유하는 것은 물론, '메타버스' 용어를 이해하기 전부터 메타버스와 온라인에서 대부분의 여가활동 및 실제 경제활동에 참여해온 세대입니다. 메타버스를 포함한 디지털 네이티브는 디지털 의존 및 디지털 활용 수준을 넘어 일상에서 디지털 문화를 향유하고 있습니다. 자기주도적인 독립성과 공정한 협업 및 소통의 균형을 중시하는데, 교육 측면에서 디지털 네이티브 세대의 특징 및 요구를 다음 [표 2-2-1]과 같이 정리하여 살펴볼 수 있습니다.[22]

[표 2-2-1] 디지털 네이티브의 특징 및 요구

21) Pearson(2018). "Beyond Millennials: The Next Generation of Learners". 『Global Research & Insights』.
22) 김지영((2020). 『미래 교육을 멘토링하다』. 소울하우스.

디지털 네이티브의 특징 [23]	디지털 네이티브의 요구 [24]
–디지털 공간에서 많은 시간을 보낸다. –여러 작업을 동시에 하는 경향이 있다. –디지털 기술을 매개로 자신을 표현한다. –디지털 세계에서 많은 사람과 연결을 맺고 협력한다. –디지털 기술을 이용하여 정보에 접근하고, 기존 　정보를 재가공한다. –디지털 기술을 이용하여 새로운 지식과 예술 형태를 　창조한다. –디지털 기술을 활용한 참신한 비즈니스 모델을 　만든다.	–강의 듣는 것을 원하지 않는다. –존중받고 신뢰받고 싶어 하고, 자신의 의견이 　소중하게 여겨지기를 바란다. –자신의 관심과 열정을 좇고 싶어 한다. –동료와 함께 그룹 작업과 프로젝트 수행을 하고 싶어 　하며, 무임승차하는 게으른 학생을 피하고 싶어 　한다. –결정을 내리고 통제권을 나눠 갖고 싶어 한다. –교실뿐만 아니라 전 세계 사람들과 연결되어 의견을 　표현하고 공유하고 싶어 한다. –협업하고 경쟁하고 싶어 한다. –단순히 적절한 교육이 아니라 실제적인 교육을 받고 　싶어 한다.

23) JOHN PALFREY, URS GASSER(2010). 『그들이 위험하다』. 부제: 왜 하버드는 디지털 세대를 걱정하는가?. 갤리온.
24) Marc Prensky(2019). 『디지털 네이티브 그들은 어떻게 배우는가』. 정현선(역). 사회평론아카데미.

한국교육정보학술원(2021)은 메타버스의 4가지 유형 프레임워크[25]인 증강현실(Augmented Reality), 라이프로깅(Life Logging), 거울 세계(Mirror World), 가상세계(Virtual Worlds)를 중심으로 메타버스의 교육적 활용과 한계를 다음 [표 2-2-2], [표 2-2-3]과 같이 분석하고 있습니다.

[표 2-2-2] 메타버스 유형에 따른 기술적 특징과 교육적 시사점

구분	기술적 특징	교육적 시사점
증강현실 (Augmented Reality)	-현실 세계에 가상의 물체를 덧씌워서 대상을 입체적이고 실감 나게 함 -현실에 판타지를 더함 -정보를 효과적으로 강조하여 제시, 편의성을 도모함	-가상의 디지털 정보를 통해 실제 보이지 않는 부분을 시각적·입체적으로 학습하여 효과적으로 문제 해결 -직접 관찰이 어렵거나 텍스트로 설명하기 어려운 내용을 심층적으로 이해하고, 학습자가 스스로 체험을 통해 지식을 구성해나갈 수 있음 -학습 맥락에 몰입된 상태에서 읽고, 쓰고, 말하는 등의 상호작용 경험을 할 수 있음
라이프로깅 (Life Logging)	-소셜미디어와 SNS를 통해 자신의 일상과 생각을 생산적으로 콘텐츠화하고 공유함 -네트워크 기술로 온라인상에서 타인과 관계를 형성하고, 빠르게 소통하며, 각종 소셜 활동이 기록됨 -사물인터넷과 웨어버블 기기의 각종 센서를 통해 개인의 활동 정보가 누적되고 분석되어 부가가치를 만듦	-자신의 일상을 돌아보고 성찰하며, 적절한 방향으로 정보를 표상하고 구현하는 능력이 향상됨 소셜네트워크상에서 타인의 피드백이 강화와 보상으로 연결됨 -라이프로깅 플랫폼에서 다양한 정보를 비판적으로 탐색하고, 집단지성을 통해 정보를 창조적으로 재구성함 -학습과 관련된 분석 데이터(예: 대시보드)를 바탕으로 학습을 성찰하고 개선함 -교사는 학생들의 학습 로그데이터를 바탕으로 맞춤된 방향으로 학습을 촉진하고 적절한 지원을 하며, 중도 탈락을 방지함

---

25) 본 연구 제1장 참고.

구분	기술적 특징	교육적 시사점
거울 세계 (Mirror World)	-GPS와 네트워킹 기술 등의 결합으로 현실 세계를 확장함 -특정 목적을 위하여 현실 세계의 모습을 거울에 비춘 듯 가상세계에 구현 -그러나 현실의 모든 것을 담지 않음. 즉, 현실 세계를 효율적으로 확장하여 재미와 놀이, 관리와 운영의 융통성, 집단지성을 증대시킴	-교수 학습의 공간적·물리적 한계성을 극복하고, 거울 세계의 메타버스 안에서 학습이 이루어짐 -대표적인 거울 세계인 온라인 화상회의 툴 및 협력 도구를 통해 온라인 실시간 수업 진행 -거울 세계를 통해 학습자들은 '만들면서 학습하기(Learning by Making)'를 실현할 수 있음
가상세계 (Virtual Worlds)	-정교한 컴퓨터 그래픽 작업, 특히 3D 기술로 구현된 가상환경에서 사용자가 이질감 없이 연결된 인터페이스를 통해 다양한 게임을 즐김 -현실과는 다르게 디자인된 공간·시대·문화·인물들 속에서 자신의 원래 모습이 아닌 아바타로 활동. 멀티 페르소나(다면적 자아)를 지님 -VR에 포함된 채팅 및 커뮤니케이션 도구로 인공지능 캐릭터 및 다른 사람과 소통하고 협력함	-고비용, 고위험 문제로 연출하기 어려운 환경 -과거 혹은 미래 시대 등 현실에서 경험할 수 없는 시공간을 몰입하여 체험할 수 있음 -3D 가상세계 기반의 게임을 통해(설계된 게임의 특성과 유형에 따라) 전략적·종합적 사고력 및 문제 해결력 향상. 현실 세계에 필요한 능력을 배움

자료: 한국교육학술정보원(2021). 『메타버스(Metaverse)의 교육적 활용: 가능성과 한계』. 재구성.
* 기술적 특징은 김상균(2021). 『메타버스』. 플랜비디자인. 인용.

[표 2-2-3] 메타버스의 특성과 교육적 장단점

메타버스의 특성	교육적 장점	교육적 단점
새로운 사회적 소통 공간	코로나19로 인한 학교 폐쇄의 경우에도 현실의 제약을 넘어 학생들의 사회적 연결 가능	타인과 관계 형성 시 현실 세계의 상호작용보다 가벼운 유희 위주의 관계 형성, 다양한 개인정보 수집·처리에 따른 프라이버시 문제 발생
높은 자유도	콘텐츠 소비자에서 창작자로 변화하는 경험 제공을 통해 학습 과정에서 학생의 자율성 확대 가능	높은 자유도로 플랫폼 관리자가 이용자의 행위를 모두 예측할 수 없으므로 메타버스의 가상공간과 익명성의 특성에 따라 각종 범죄에 노출 가능
가상화를 통한 높은 몰입도	시공간을 초월한 새로운 경험 제공을 통해 학생의 흥미와 몰입도를 높여 학습 시 학생의 능동적 참여 확대 가능	정체성이 확립되지 않은 학생들에게 현실의 '나'에 대한 정체성 혼란, 현실 도피 및 현실 세계 부적응 유발 가능

자료: 한국교육학술정보원(2021). 『메타버스(Metaverse)의 교육적 활용: 가능성과 한계』.

나. 메타버스 교육 콘텐츠 산업 동향

'4차산업혁명'과 '코로나 팬데믹'이라는 시대적 교차점에서, 디지털 전환(Digital Transformation)을 필두로 한 전 세계의 기술혁신은 더욱 가속화하고 있습니다. 에듀테크(Edu-tech: 차세대 기술을 활용한 교육)는 교육(Education)과 기술(Technology)의 합성어로, 에듀테크 세계 시장 규모는 2025년 3,420억 달러로 예측되며 이는 2018년 1,530억 달러 대비 2배 이상 늘어난 금액입니다. 기업 가치가 10억 달러 이상인 상장 기업도 100개 이상 증가할 것으로 전망되고 있습니다. 세계 교육 시장이 지속하여 성장하는 가운데, 교육 시장에서 에듀테크가 차지하는 비중 역시 매우 증가할 것으로 예상됩니다.

[그림 2-2-2] 세계 교육 시장 규모 추세(좌)와 에듀테크 시장 규모(우)

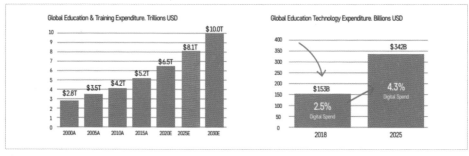

자료: Holon IQ(2020.1.28.).
SPRi(2021). '에듀테크 산업 동향 및 시사점' 보고서에서 재인용.

교육 분야에 적용되는 주요 기술은 AR·VR, AI, 로보틱스, 블록체인 등으로 파악되고 있습니다. 체험 기반의 실감형 교육을 가능하게 하는 AR·VR 기술은 2018년 18억 달러에서 2025년 126억 달러로 7배의 높은 성장이 기대됩니다. 빅데이터를 통한 학습자 맞춤형 교육, 교수법 및 행정관리 자동화와 지능화를 가능케 하는 인공지능도 2018년 8억 달러에서 2025년 61억 달러 규모의 시장을 형성할 것으로 전망되고 있습니다. 블록체인도 급속한 성장을 이루고 있으나 그 규모는 전체 교육 분야 기술 시장 내에서 큰 부분을 차지하지는 않습니다.

[그림 2-2-3] 교육 분야의 주요 기술 시장 전망

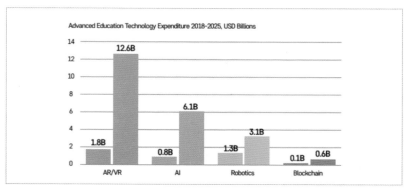

자료: Holon IQ(2020.1.28.).

[그림 2-2-4] VR 콘텐츠 분야 활성화를 위한 정부 지원 요청 분야

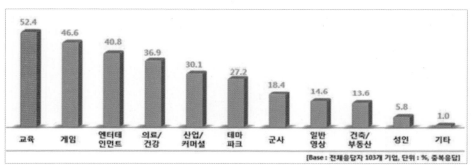

자료: 정보통신기술진흥센터(2016). 국내 VR 산업 실태 조사.

교육에 적용되는 실감 콘텐츠는 재난과 같이 위험하거나 우주여행과 같이 고비용이거나 체험이 불가능한 상황을 간접적으로 구현하여 체험하게 함으로써 교육의 시공간적 범위를 확대합니다. 이러한 점에서 교육 콘텐츠 산업 개발 및 적용이 주목받고 있습니다.[26] 실감 콘텐츠는 몰입감, 상호작용, 지능화 등 그 특징에 따라 고위험(Dangerous), 체험 불가(Impossible), 높은 대가성(Counter-productive), 고비용(Expensive) 분야에 활발히 적용될 것입니다.[27] 특히 교육과 학습에서 실재성 증대, 고위험·고비용 대체, 안전성·효율성 확보가 용이하다는 점 덕분에 교육 분야의 혁신기술로 등장하였는데, 실감 콘텐츠는 학습자가 학습 내용에 몰입하게 하고 주도적·능동적 학습을 유도함은 물론, 학습 내용을 체화하도록 하여 교육 효과를 증진할 것이라고 알려졌습니다. 가상현실 기업 이온 리얼리티(Eon Reality)의 CTO 닐스 앤더슨(Nils Anderson)은 미국 교육학자 애드거 데일(Edgar Dale)이 진행한 학습 방법에 따른 기억 효과 실험 결과를 발표하면서 "실감형(말하기, 실제 행동) 90% > 디지털(보기, 듣기+보기) 50% > 아날로그(읽기, 듣기) 30%"로, 실감형 교육 학습이 아

---

26) 정보통신산업진흥원(2019). "VR·AR을 활용한 실감형 교육 콘텐츠 정책동향 및 사례 분석". 이슈리포트. 2019-15호.
27) Bailenson, J.(2018). "Experience on demand: What virtual reality is, how it works, and what it can do". WW Norton & Company.

날로그 학습 대비 2.7배 이상의 학습 효과가 있다고 설명한 바 있습니다. 국내 VR 산업 실태 조사에 의하면 VR 콘텐츠 분야 중 교육 분야 정부 지원 필요성이 52.4%로 가장 높게 나타났으며, 게임(46.6%), 엔터테인먼트(40.8%)가 뒤를 이었습니다.

2020년 가상증강현실(VR/AR) 산업 실태 조사에 따르면 분야별로 교육, 게임, 공연·전시 등의 세부 분야에서 기업의 참여와 매출이 많은 것으로 나타났습니다.[28] 4개 대분류 중 콘텐츠 제작업 및 공급업이 기업 수, 매출액, 수출액, 종사자에서 80% 이상을 차지했으며, 콘텐츠 제작업 및 공급업 비중은 기업 수 81.0%, 매출액 80.9%, 수출액 90.4%, 종사자 82.7%였습니다. 세부 분류별로 기업 수는 교육, 매출액·수출액·종사자는 게임이 가장 높은 비중을 차지했습니다. 주요 분야별 기업 수 비중은 교육 17.4%, 게임 17.3%, 공연·전시 9.8%, 주요 분야별 매출액 비중은 게임 46.4%, 공연·전시 8.6%, 교육 8.2%, 주요 분야별 수출액 비중은 게임 86.3%, 부분품 4.95, 전용기기 1.4%, 주요 분야별 종사자 비중은 게임 29.5%, 교육 16.65, 공연·전시 7.5%였습니다.

다. 메타버스 교육 정책 동향

컴퓨터 관련 기술이 급속도로 발전하고 사용법이 쉬워짐에 따라 인터넷, 멀티미디어, 각종 소프트웨어 등을 교수·학습의 매체 및 도구로 활용하는 ICT 활용 교육이 중요해졌습니다.[29] ICT 교육의 의의는 교수·학습의 질적 향상이라는 대명제 아래, 교수·학습을 통해 달성하고자 하는 목표를 좀 더 쉽고 빠르게 효과적으로 성취할 수

---

28) 소프트웨어정책연구소(2021). "2020 가상증강현실(VR/AR) 산업 실태 조사".

29) ICT(Information&Communication Technology)는 정보기술과 통신기술의 합성어로 정보기기의 하드웨어와 이들 기기의 운용 및 정보 관리에 필요한 소프트웨어 기술과 이러한 기술을 이용하여 정보를 수집, 생산, 가공, 보존, 전달, 활용하는 모든 방법을 말함.

있도록 지원하는 것이라고 할 수 있습니다. 이러한 맥락에서 교육부는 1997년 제7차 교육과정을 발표했으며, 학교에서도 'ICT 활용 교육'을 시행하게 되었습니다. 제7차 교육과정에서 ICT 교육을 ICT 소양 교육과 ICT 활용 교육으로 구분하였는데, ICT 소양 교육은 ICT 사용 방법을 비롯하여 정보의 생성·처리·분석·검색 등 기본적인 정보 활용 능력을 기르는 교육이며, ICT 활용 교육은 각 교과의 교수·학습 목표를 가장 효과적으로 달성하기 위하여 ICT를 교과과정에 통합시켜 교육적 매체로서 ICT를 활용하는 교육입니다.

이후 교육과정을 개편하면서 2018년부터 소프트웨어(SW) 교육 필수화를 시작하기 위해 정규 교육과정 내에서 소프트웨어(SW) 교육을 중점적으로 운영하였습니다. 소프트웨어 교육은 컴퓨터 과학의 기본 개념과 원리를 기반으로 다양한 문제를 창의적이고 효율적으로 해결하는 컴퓨팅 사고력(Computational Thinking, CT)을 기르는 교육입니다. 이는 기존의 정보통신기술 교육에서 수행하던 ICT 소양 및 활용 교육의 관점을 확장하여, 학습자들이 미래 사회에서 살아가는 데 필요한 컴퓨팅 사고력을 기반으로 문제를 해결하는 역량을 기르는 것을 목적으로 합니다.

[표 2-2-4] 2015년 개정 교육과정 개편 내용

구분	기존 내용	개편안	주요 개편 방향
초등학교 (2019년~)	실과 ICT 단원 12시간	실과 SW 교육 17시간 이상	문제 해결 과정, 알고리즘, 프로그래밍 체험, 정보윤리 의식 함양
중학교 (2018년~)	정보 선택	정보 34시간 필수	컴퓨팅 사고 기반 문제 해결 시행, 간단한 알고리즘, 프로그래밍 개발
고등학교 (2018년~)	정보 심화 선택	정보 일반 선택	다양한 분야와 융합하여 알고리즘 프로그램 설계

자료: 교육부(2015). "SW 중심사회를 위한 인재 양성 추진 계획".

이에 따라 교육부는 '소프트웨어 교육 운영 지침'을 적용하여 정규 교육과정에서 초등학교는 17시간 이상, 중학교는 34시간 이상 소프트웨어(SW) 교육을 시행하고, 고등학교는 '정보' 관련 과목을 통해 소프트웨어(SW) 교육을 실시하였습니다. 또한, 교과 시간 외에 창의적 체험 활동(자율·동아리·봉사·진로 활동), 자유학기 등을 활용하여 소프트웨어(SW) 소양을 배양할 수 있는 다양한 교육 프로그램을 운영하고 있습니다. 교육부와 과학기술정보통신부는 2015년부터 소프트웨어(SW) 연구·선도 학교를 선정하여 운영하는데, 2015년 총 215개교에서 2016년 총 685개교, 2018년에는 1,641개교, 2020년 2,011개교로 확대해 운영 중입니다. 각 학교당 1,000만 원 이내의 운영 지원금과 지원 프로그램을 제공하며, 전체 연구·선도 학교를 대상으로 권역별 워크숍을 실시하고 각 시도별 전문가로 구성된 운영지원단이 학교를 방문해 컨설팅을 진행합니다.

2018년 교육부 업무 계획에서는 4차산업혁명 사회에 필요한 역량 강화를 위해 '디지털 기술(VR·AR)을 활용한 실감형 디지털 교과서 개발 보급 및 학교 무선 인프라 확대'를 발표하고, 이를 위해 초등 3~6학년 사회·과학 디지털 교과서에 가상증강현실 콘텐츠(100종)를 도입하고자 노력하고 있습니다. 또한, 4차산업혁명을 대비하는 진로 탐색을 지원하고 미래 직업 세계에 관한 다양한 정보를 제공할 뿐만 아니라, 디지털 기술(VR·AR)을 기반으로 한 가상 진로 체험 콘텐츠 개발 및 운영을 발표하였습니다. 디지털 교과서와 연계한 실감형 콘텐츠(VR·AR, 360°)는 2018년부터 110종을 개발하여 2019년에 적용하기 시작하였는데, 약 10억 원의 예산으로 실감 콘텐츠를 개발하여 제공하고 있습니다. 2020년에는 SW 교육 필수화 완료와 동시에 AI 교육으로 전환하여 모든 학생이 AI 활용 능력을 기를 수 있는 교육 기회를 제공하고자 하였습니다. 이는 AI 기본 원리를 이해하고 실생활에 활용하는 능력을 함양하는 내용으로, 초·중·고 단계별로 내용 기준(안)을 마련했습니다. AI 교육 기준(안)은 초등학교에서는 놀이·체험 중심, 중·고등학교에서는 원리 이해를 통한 실생활 적용 중심을 기본 방향으로 하며, 주요 내용으로 AI 개념·원리의 이해·체험, 사회현상 공감·분석을 통한 문제 발굴, 데이터·통계를 활용한 창의적 문제 해결, 사회적 영향(윤리 포함) 등을 담고 있습니다.

또한, AI·SW를 활용하여 사회적 문제를 해결하는 주제 중심의 프로젝트 수업을 통해 다양한 교과의 융합 교육 기회를 제공하고자 하였습니다. 그러나 빠르게 변화하는 정책 흐름에 따라, 교원 역량을 강화하는 부분에서 초기 연 2,500명의 SW 교육 핵심 교원 연수를 진행한다는 업무 계획이 2020년에는 AI 교육으로 급격하게 전환되기도 합니다. 과학기술정보통신부는 실감 콘텐츠 산업을 활성화하고 디지털 교육을 혁신하기 위해 2019년부터 '실감 교육 강화 사업'을 진행하고 있습니다. 사회·과학 등 교과 연계 콘텐츠와 자유학기 맞춤형 진로 체험 콘텐츠를 VR·AR 등 실감 콘텐츠로 30종 이상 개발하여 2020년부터 보급합니다. 산업통상자원부는 2018년 11월 에듀테크 등 13대 해외 진출 유망 분야를 선정하고, 각 분야 지원 전략을 담은 '13대 유망 산업 지원 전략'을 수립하였습니다. VR·AR, AI, 빅데이터 등 ICT 기술과 기존 교육 서비스가 결합한 에듀테크 산업의 신남방 국가 진출을 지원합니다.

해외 사례를 살펴보자면, 미국은 교육부(Department of Education)에서 발표한 '국가 교육 기술 계획 2017(The National Education Technology Plan 2017)'을 통해 기술 기반 교육의 국가 비전과 계획을 수립하였습니다. 교육 분야에서 기술 활용의 중요성을 강조하고, 교육을 5개 부문(학습·교수·리더십·평가·인프라)으로 나누어 각 부문의 기술 활용 방안을 제안 및 장려하는 내용으로 구성되어 있습니다. 학습 부문에서는 '학습 기술의 미래' 중 하나로 학생의 참여도와 자율성을 제고하기 위한 VR·AR 활용 방안을 제안하였으며, 현장 탐사 탐구형 현장학습에 VR·AR 활용 사례와 방안을 제시하였습니다. 또한, 미국 교육부는 2016년에 VR·AR을 이용한 차세대 교육시스템을 구축하기 위해 'EdSim(Educational Simulation) 챌린지'[30]를 개최하고, 이를 통해 VR 개발자·게임 개발자·교육 기술 전문가 등이 제출한 몰입형 교육 시뮬레이션 콘셉트를 평가하여 총 68만 달러의 상금과 프로토타입 제작 컨설팅을 제공하였습니다. 최근에는 메타버스를 교육적으로 활용하기 위한 다양한 연구개발 지원도 이루어지고 있습니다.[31]

연방정부 산하의 국립과학재단(National Science Foundation, NSF)은 '메타버스' 용어를 직접적으로 사용하지는 않지만, 메타버스의 핵심 기술 중 하나인 AR·VR 기술의 교육적 활용을 위한 연구 개발을 지원합니다. 예를 들면, 학생들은 교실에서 기기를 사용하여 유적지 등 방문할 장소에 접속할 수 있으며, 교사들은 '구글 엑스퍼디션 파이오니어 프로그램(Google Expedition Pioneer Program)'과 같은 프로그램을 사용하여 수업을 진행하거나 가상 현장 체험학습을 위한 자료를 추가하여 가상의 학습 상황을 조성할 수 있습니다. 미국 국립과학재단 연구팀은 고등교육 단계에서 적용할 수 있는 시범 콘텐츠인 '그랜드캐니언 필드 익스피어리언스(Grand Canyon Field Experience, GCFE)'를 개발하였습니다. 이는 미국 전역 대학의 지구과학 입문 교육과정에서 활용할 수 있는 실감형(Immersive) 가상 현장 체험학습 프로그램으

---

30) 가상현실(VR) 기술자, 비디오게임 개발자, 교육 기술계 등을 대상으로 이용자 기술 역량 향상을 위한 몰입형 학습 시뮬레이션 프로그램의 콘셉트를 제시하는 챌린지. 2017년 선정된 5개 연구팀은 각각 5만 달러(약 6,000만 원)를 받게 되며, Virtual Accelerator 단계에서 IBM, 마이크로소프트, 삼성 등 전문 인력의 멘토링 서비스를 받음(출처: 과학기술정보부 과학기술정책 지원서비스, 해외단신: 가상증강현실 교육 프로그램 개발을 위한 EdSim 챌린지).

31) 교육 정책 네트워크정보센터(2021.9.29.). 기획 기사: "미국의 교육 분야 메타버스 운영 및 활용 현황".

로, 세부 내용 수정을 통해 초중등 교육과정에도 확대 적용이 가능합니다. 이 외에도 VR 및 AR 기술의 교육적 활용을 위한 다양한 연구 개발 프로젝트가 NSF 등 연방정부 기관에서 보조금을 지원받고 있습니다.

유럽연합은 2020년 9월, 유럽 내 포용적이며 접근 가능한 양질의 디지털 교육을 위해 '디지털 교육 행동 계획(Digital Education Action Plan) 2021~2027'을 발표했습니다.[32] '전략 계획 1: 고성능의 디지털 교육 생태계 육성'에는 기반시설, 연결성, 장비, 디지털 역량 양성 계획, 우수한 디지털 활용 능력을 갖춘 교육자, 양질의 콘텐츠, 편리하고 안전한 도구와 플랫폼이 포함됩니다. '전략 계획 2: 디지털 변화를 위한 디지털 역량 개발'에는 어린이를 대상으로 한 기본적인 디지털 역량 교육, 디지털 리터러시, 컴퓨터 교육, 데이터 집약적 기술 지식과 이해도, 디지털 전문가 육성을 위한 고급 디지털 기술, 다양한 계층의 참여 보장이 포함되어 있습니다. 이 같은 계획의 실현을 위해 디지털 리터러시 함양을 위한 공통 가이드라인 개발, 학교·훈련 기관을 위한 인공지능 교육 자료 개발 지원, 유럽 공인 '유럽 디지털 기술 자격증' 도입, '국제 컴퓨터 및 정보 리터러시 연구'에 참여 촉구, 유럽 STEM 연합(EU STEM Coalition)의 고등 교육과정 개발 지원 등의 구체적인 실천 계획이 수립되었습니다.

유럽연합집행위원회 산하의 EU 과학 허브(EU Science Hub)는 2017년, 교육자의 디지털 역량을 위한 '유럽 프레임워크(European Framework of Digital Competence of Educators: DigCompEdu)'를 개발했습니다.[33] 급변하는 사회적 요구에 직면한

---

32) EU(2020). "Digital Education Action Plan(2021~2027)".
33) EU(2017). "European Framework for the Digital Competence of Educators: DigCompEdu".

[그림 2-2-5] EU에서 제안하는 교육자를 위한 디지털 역량 프레임워크

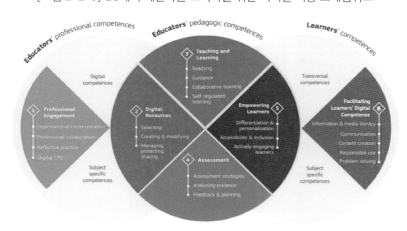

자료: EU(2017), "European Framework for the Digital Competence of Educators: DigCompEdu".

교육자들은 더욱 광범위하고 정교한 역량을 요구받고 있습니다. 특히 학생들의 디지털 능력 함양을 돕기 위해 교육자는 자신의 디지털 능력을 개발해야 합니다. 이에 EU에서는 국제 및 국가 차원에서 교육자를 위한 자체 평가 도구 및 교육 프로그램을 개발했습니다. 또한, 이를 분석하고 클러스터링하여 교육자의 디지털 역량을 키우기 위한 유럽 프레임워크를 함께 제시했습니다. 프레임워크는 교육자의 전문 역량과 교수법, 학생의 역량으로 나누어 필요 역량 및 그 요구 사항을 제안합니다.

영국 교육부는 이미 디지털 분야가 국가 경제에 이바지하는 바가 크고, 다수의 직종이 디지털 분야와 연관성이 있을 뿐만 아니라 향후 20년 이내에 전체 직종의 90%에 디지털 능력이 요구될 것으로 전망하였습니다.[34] 영국 디지털 경제위원회(Digital Economy Council)에 따르면 영국의 에듀테크 산업은 2020년 71.5% 성장했

---

34) 영국 교육부(2018). "Schools Minister Announces Boost to Computer Science Teaching".

으며, 2021년 시장 규모는 35억 파운드에 이를 것으로 예상합니다.[35] 2019년 영국 정부는 '에듀테크 산업 전략(EdTech Strategy-Realising the Potential of Technology in Education)'을 발표하며 에듀테크 분야 수요자와 공급자를 지원하고 산업환경을 조성하기 위한 주요 과제를 제시했습니다.[36] 주요 과제 중 에듀테크 성과 창출을 위한 4대 기반으로 디지털 인프라 구출, 디지털 역량 및 기술 교육, 효율적 정부 조달 지원, 디지털 보안 강화가 선정되었습니다.

영국은 국민의 디지털 능력 향상을 위해 2014년부터 코딩과 기초 프로그래밍을 포함하여 컴퓨팅 교육과정을 개정하였습니다. 교육부는 교원 전문성 강화 및 학교 간 협력을 강조하는 공통적인 기조 아래, 신규 컴퓨팅 교육과정에 적합한 컴퓨팅 교원 연수 과정과 CS 가속장치 프로그램 및 관련 자격증 제도를 마련하고 각종 재정 지원을 시행하고 있습니다.[37] 또한, 영국 정부는 'AI 국가 전략(National AI Strategy)'을 추진하고 있으며, 이에 따라 정보시스템공동위원회(Joint Information Systems Committee, JISC)는 2021년, '고등교육 분야 국가 AI 센터(National Centre for Artificial Intelligence in Tertiary Education, NCAITE)'를 발족하였습니다. NCAITE는 관련 기업 및 유관 기관과 협력해 시장에 출시된 AI 솔루션의 고등교육 및 평생교육 분야의 교수 및 학습의 개선 여부를 평가하고, 고등교육 및 평생교육기관에 실용적인 맞춤식 자문과 지원을 하며, AI 솔루션 적용 상담을 제공할 계획입니다.[38]

35) 박지혜(2021). "영국 에듀테크 산업". 코트라 해외시장 뉴스.
36) 영국 교육부(2019). "Realising the potential of technology in education".
37) 강호원(2021). "영국의 AI, 빅데이터 활용 등 미래 사회 대응 관련 교원 역량 강화 방안". 교육정책네트워크.
38) 강호원(2021). "영국의 교육 분야 메타버스 운영 및 활용 현황". 교육정책네트워크.

싱가포르는 아시아 교육 허브로서 뛰어난 정보통신기술 인프라를 바탕으로 성장 기반이 잘 마련되어 있습니다. 특히 에듀테크를 '제2의 핀테크' 산업으로 보고 적극적인 지원책을 펼치는 중입니다.[39] 싱가포르 교육부는 코로나19를 계기로 온라인 교육 제도화, 관련 시스템 및 플랫폼 구축, 스타트업 양성 등 적극적인 도입 정책을 실시합니다. '교육에서의 ICT'의 새로운 비전이라고 할 수 있는 'ICT 인프라 종합 마스터플랜'을 통해 '미래를 준비하는 책임감 있는 디지털 학습자'를 길러내기 위한 비전을 수립하였습니다. 여기에는 온라인 교육 인프라 개선, 학교 간 연계 강화, 교사의 온라인 수업 준비 지원을 위한 '에듀몰 2.0(Edumall 2.0)' 온라인 교육 포털 개발 등이 포함됩니다. 싱가포르 정부의 에듀테크 정책은 교과과정 학생에게 국한되지 않으며 전 국민의 평생교육을 목표로 합니다.

또한, 싱가포르 정부는 저소득층 교육 수준 향상의 수단으로 에듀테크에 기대를 걸고 이를 위해 저소득층 대상 IT 기기 무상 임대 등의 정책을 시도하고 있습니다. '스킬스퓨처(SkillsFuture)' 정책을 통해서는 학생, 사회 초년생, 이직 희망자 등 다양한 대상에게 직무 전환 교육을 온·오프라인으로 제공합니다. 2012년, 국민의 미디어 리터러시 강화 및 건전한 사이버 문화 구축을 위해 설립된 미디어리터러시위원회(Media Literacy Council, MLC)를 중심으로 교육 현장에서 활용할 수 있는 다양한 프로그램도 개발 중입니다. 코로나19 확산과 관계없이 2021년 중학교(Secondary School) 전 학년과 고등학교(Junior Colleges, Millennia Institute) 일부 학년을 대상으로 블렌디드 러닝을 도입하고 있는데, 2022년 4분기에는 중·고등학교의 전 학년

---

39) 이정현(2020). "싱가포르가 주목하는 '제2의 핀테크', 에듀테크 시장". 코트라.

이 블렌디드 러닝을 시작하는 것이 목표라고 밝혔습니다.[40) 싱가포르에서는 온라인 학습을 시행하는 날을 'HBL의 날(Home Based Learning Day)'이라고 부릅니다. HBL의 날을 시행하는 이유는 학생들에게 학업 주체성을 부여하기 위함입니다. 특히 학생들은 자신의 학업 속도에 맞추어 학습하게 되면서 학습의 주체가 자신임을 인식하고 자신의 학습에 책임감을 가질 수 있습니다.

2. 메타버스 교육 활용 사례

메타버스는 기존 교육의 일방향 방식에서 벗어나 상호작용을 통해 실제와 같은 체험이 가능하다는 가장 큰 장점 때문에 다양한 현장교육과 실습이 필요한 산업 분야를 중심으로 확대·적용되는 추세입니다.

우선 의료실습 분야의 경우 이미 다양한 기업에서 개발된 기술이 널리 적용되고 있습니다. 의료 소프트웨어 개발기업인 아나토마지(Anatomage)에서 개발한 '가상 해부 테이블'은 3D 기술을 활용해 심장이나 위, 신장 등 인체 기관 속을 탐험하거나 신체를 절단해보는 실습이 가능하며, 가상현실 속에서 입체적으로 관찰 및 실습이 가능한 프로그램입니다. 이 프로그램은 미국 털리도대(University of Toledo) 의과 대학을 비롯하여 현재 약 500개 의과대학에 배치되었으며, 국내에서도 고려대 해부학 교실 등에서 실습 도구로 사용하고 있습니다. 이를 통해 시신 기증자 부족, 해부

---

40) 최지연(2021). "싱가포르의 교수 학습환경 변화에 따른 교과서 개발 및 활용 방안". 교육정책네트워크 해외교육동향.

[그림 2-2-6] 아나토마지 가상 해부 테이블

자료: 아나토마지 홈페이지(https://www.anatomage.co.kr/)

실습을 위한 비용 등의 물리적·윤리적 문제가 해결 가능하다는 점에서 메타버스를 활용한 의료 실습 개발이 주목받고 있습니다.

2021년 5월 '2021년 아시아 심장혈관흉부외과학회 제29차 온라인 학술대회'에서는 메타버스를 활용하여 온라인 외과 수술 교육을 진행하는 시뮬레이션 프로그램을 선보였습니다. '심폐소생술 시뮬레이션 프로그램'은 인공지능과 VR을 이용해 심폐소생술 실습 교육이 가능하도록 설계되었으며, 아바타를 통해 수술 교육을 지켜본 150여 명의 참석자는 360° 카메라를 바탕으로 수술실 내 환경을 확대하는 등 실제 참여 시와 유사한 환경에서 외과 실습을 경험할 수 있었습니다. 가상환경에서 안전하게 환자와 상호작용을 하고 의료자원 소모 없이 간편하게 디지털 시뮬레이션을 할 수 있는 '뷰라보'(뉴베이스, 박선영 대표)의 경우 2주 분량의 병원 실습 시간을 2시간 이내로 단축하도록 개발되었습니다. 환자의 체형·손상·건강·스타일 등에 맞춰서 특정 상태의 환자를 설정할 수 있으며, 3D를 활용해 학습자가 환자 모델을 관찰하고 직접 적용해볼 수 있게 설계되어 실제 전국 의료기관·소방서·대학교·보건소 등에서 5,000명 이상의 의료진 시뮬레이션 교육에 활용됩니다. 세브란스병원 재난훈련 시뮬레이션 교육, 호남대 간호 통합 시뮬레이션 과정, 국립중앙의료원 이러닝 시뮬레이션 교육, 코로나19 중환자 간호 시뮬레이션 등을 진행 중입니다.

이어서 메타버스를 활용한 산업 현장 실습 교육은 실제 현장에 나갔을 때 현장과 이론의 괴리감을 좁히고 다양한 역량을 강화할 수 있다는 강점이 있습니다. 일방적으로 전수되는 교육 방식에서 벗어나 학습자가 스스로 자신의 필요에 맞는 학습 콘텐츠를 주도적으로 선택할 수 있으며, 시간과 공간의 제약에서 벗어날 수 있다는 점에서 다양하게 활용됩니다. BMW사는 전 세계에 흩어져 있는 31개 공장에서 일하고 있는 수천 명의 엔지니어·개발자·관리자들이 실시간으로 협업하면서 복잡한 제조 시스템을 설계하고, 시뮬레이션(모사)을 할 수 있는 가상 공장인 옴니버스를 구축하였습니다. 이를 통해 시간 단축, 정밀도 개선 등 작업 효율성을 30% 이상 높일 수 있을 것으로 예상합니다.[41]

미 항공우주국(NASA)과 국립해양대기청(NOAA) 같은 미국 연방기관에서는 고비용이 드는 항공기 조종사 양성 교육에 메타버스를 활용하며, 항공기 조종사 양성 전문학교인 엠브리리들 항공대(Embry-Riddle Aeronautical University)는 교육 효과를 높이는 데 VR을 활용합니다. NASA와 NOAA는 세컨드 라이프(Second Life, SL)에 코랩(Co-Lab) 시뮬레이션 전시실을 배치해, 발사 예정인 NASA의 우주선 모델과 기내에 탑재된 기기 등을 다루는 실습을 수행할 수 있습니다.[42] NASA의 가상

41) 정유진(2021.9.28.). "메타버스, 교육 패러다임을 바꾸다". 매거진한경.
42) FM Ireton(2007). "Finding Space in Second Life, NASA Education and Public Outreach in a 3D Metaverse". American Geophysical Union, Fall Meeting, abstract id.IN13A-0903.

연구실(VLAB)은 대화형 가상현실 인터페이스를 사용해 연구 시설에 원격으로 액세스할 수 있는 기술 및 방법론을 개발하는 프로젝트로, 사용자가 실험에 가장 생산적으로 참여할 수 있는 특정 데이터 및 디스플레이 구성을 대화식으로 정의하는 가상환경이라는 점이 특징입니다. 이 가상 연구실 프로젝트는 수직 모션 시뮬레이터 설비(Vertical Motion Simulator Facility, VMS)에서 비행 시뮬레이션 애플리케이션으로 활용되어 기본적으로 풍동, 비행 테스트 시설 및 여러 상호 운용 가능한 실험실과 같은 모든 원격 액세스, 가상 제어실 상황에 훨씬 더 광범위하게 적용할 수 있도록 하는 프로그램입니다.

GE(General Electric)는 마이크로소프트의 스마트 글라스에 탑재할 수 있는 소프트웨어인 스카이라이트(Skylight) 플랫폼을 산업 현장에 적용하고 있습니다. GE의 사업부 대부분에서 복잡한 생산 및 조립 등 다양한 분야에 스카이라이트 플랫폼을 활용하고 있으며, 특히 GE헬스케어는 스카이라이트를 도입해 지시 작업 완료율이 46% 개선되는 성과를 달성했다고 합니다. 스카이라이트는 풍력 발전용 터빈 조립 공정 과정에서 스마트 글라스를 착용하고 작업하면서 디지털 매뉴얼, 교육용 동영상을 실시간으로 확인할 수 있도록 하였는데, 이를 통해 기술자들이 매뉴얼을 살펴보거나 조립 상태를 확인받아야 하는 작업 절차를 줄여 생산성을 향상하는 데 이바지할 수 있었습니다. 한편, 미국 유통회사인 월마트는 가상현실 교육 앱 제조사인 스트리브이알(StriVR)과 함께 100만 명 이상이 동시에 활용 가능한 교육시스템을 구축하면서, 실제 마트에서 일어날 수 있는 다양한 상황에 대응하는 VR 훈련 시스템을 교육센터에 도입하였습니다. 상황별 시나리오로 구성된 교육용 콘텐츠를 통해 기본적인 고객 안내나 식품 관리와 같은 교육 내용을 숙지할 수 있도록 구성하였으며, 2017년부터는 미국 내 점포 5,000여 곳에 배치하고 200개의 자사 교육센터에서 14만 명을 육성할 계획을 발표하였습니다.

메타버스를 학습 플랫폼으로 활용하는 예도 있습니다. 우선 제페토, 로블록스, 마인크래프트 등은 이미 학생들에게 익숙한 메타버스 경험인 만큼 이를 활용한 실험적 교육이 조금씩 이뤄지고 있습니다. 학생들은 메타버스 플랫폼에서 실제와 같은 다양한 학습 시간을 보내고, 교실에 모여 셀카를 찍거나 도서관을 탐방하기도 합니다. 교육·문화·사회·경제 등 다양한 분야에서 자신을 닮은 캐릭터를 통해 부캐(부캐릭터)의 삶을 살며 자신을 표현하고 활발하게 활동합니다.[43] 최근 제페토의 대표 크리에이터 '렌지'의 월 수익이 1,500만 원이 넘는다고 알려지면서, 아바타 아이템 디자인 기술을 배우려는 수요와 이를 가르치고자 하는 공급이 상호 매칭되어 관련 온·오프라인 사교육 시장이 형성되고 있습니다. 통상 메타버스 크리에이터는 게임 자체 도구와 병행하거나 기존 프로그램을 단독으로 활용하여 아바타 아이템을 제작할 수 있습니다.

제페토에서는 의상 템플릿을 제공하기 때문에 누구나 손쉽게 자신만의 의상을 제작할 수 있습니다. 그러나 더 복잡한 디자인이나 형태의 변화 혹은 움직임·반짝임 등의 특수 효과를 가미하기 위해서는 3D 모델링 관련 소프트웨어를 다루는 기술이 필요합니다. 이 부분에서 메타버스 크리에이터가 되기 위한 새로운 교육 수요가 발생하는 것입니다. 온라인 토털 교육 강좌 플랫폼과 오프라인 교육기관을 막론하고 블렌더·유니티 등을 활용한 아바타 아이템 제작 기술 교육, '메타버스 제페토 3D 모델링'과 같은 크리에이터 교육과정, 관련 코딩 교육과정 등이 활발히 개설되며, 메타버스 내 아바타 아이템 디자인 클래스를 향한 대중의 관심이 계속 증가하는 추세입니다. 유튜브에는 제페토를 비롯한 메타버스 크리에이터가 되기 위한 아바타 아이

---

43) 이경아(2021). "메타버스(Metaverse) 시대의 미술교육". 『미술교육논총』. 제35권 3호. pp.324-348.

템 디자인의 기술적 교육 시연과 더불어, 아바타 아이템을 수익화할 수 있는 크리에이터 이코노미를 다루는 다양한 영상 콘텐츠가 업로드되고 있습니다.

[그림 2-2-7] 제페토 아바타 학습 활동 사례

자료: 이경아(2021). "메타버스(Metaverse) 시대의 미술교육". 『미술교육논총』. 제35권 3호. pp.324-348.

코로나19로 인한 비대면 교육 강화에 따라 공간을 메타버스로 이동시킨 플랫폼 활용 사례도 살펴볼 수 있습니다. 온라인 또는 비대면 교육 상황에 맞추어 다양한 메타버스 플랫폼을 활용하는데, 그 형태는 입학식·축제 등의 행사나 박람회·가상 캠퍼스와 같은 공간적 보완 및 대체가 주를 이룹니다. 플랫폼은 주로 게더타운과 제페토 및 자체 구축한 가상 캠퍼스를 사용하고 있으며, 실시간 상호작용을 통해 비대면 시대의 환경적 한계를 극복하려는 노력이 엿보입니다.

[표 2-2-5] 메타버스 플랫폼을 활용한 대학교 행사

형태	교육적 운영 사례

순천향대학교
(순천향대학교,
2021)
	-2021년 3월 SK텔레콤의 '점프 VR'과 협력, 순천향대 대운동장을 메타버스에 그대로
	  올려 세계 최초로 가상 입학식 개최
	-약 2,500명의 새내기가 자신이 속한 단과대 점퍼를 입은 아바타를 만들어 총장
	  환영사를 듣고 신입생 대표 입학 선서도 함께함
	-57개 학과 150여 개의 방을 개설해 신입생에게 만남의 공간 마련, 캠퍼스 투어와 담당
	  교수 대면 진행

건국대학교
(건국대학교, 2021)
	-2021년 5월 VR 개발업체인 플레이파크와 협력, 건국대를 메타버스 세계에 그대로
	  구현하여 'Kon-Tack 예술제'를 개최
	-소속감 고취를 위해 건국대 아이디로만 접속할 수 있도록 제한, 개인별 아바타 생성
	-건국대 캠퍼스 내 다양한 콘텐츠 제공(단과대 방문, 갤러리, 방 탈출, e스포츠대회, 각종
	  전시회 및 공연, 동아리 공연, 다양한 소규모 퀘스트 등)과 소통 기능 제공

숭실대학교 (허정윤, 2021)	-게더타운 플랫폼 활용, 온라인 축제 개최 -단과대학과 동아리가 만든 부스 방문 가능
연세대학교 (이연진, 2021)	-게더타운 플랫폼 활용, 동아리 박람회 개최 -메타버스를 활용하여 정보 전달과 소통 기능 제공 -예: 미디작곡 동아리에 가면 동아리에서 제작한 음악이 자동으로 재생되고, 만화동아리에 가면 동아리 소개와 가입 폼이 노출됨

한성대학교
(조선일보, 2021)
	-제페토 플랫폼 활용, 가상 도서관 '한성 북니버스' 개관
	-제페토 플랫폼에 접속, 학술정보관 속 자료실과 열람실 등 도서관 투어 및 사서와의
	  실시간 채팅 가능
	-보물찾기, 도서관 대탈출, JUMP UP, 상상독서 인증샷, QUIZ! QUIZ! 등 다양한 게임
	  공간 마련

영남대학교 (오경묵, 2021)	-마인크래프트 서버팀 YUMC 게임 플랫폼 활용 캠퍼스 구축 -입학식, 도서관, 방송국, 커뮤니티, 생일파티, 박물관 견학, 인문학 강연 등 운영

자료: 홍희경(2021). "메타버스의 교육적 적용을 위한 탐색적 연구". 『문화와 융합』. 제43권 9호. 재구성.

메타버스를 활용한 교육 플랫폼 에듀테크도 그 영역을 점점 넓혀가고 있습니다. 마블러스는 MEE, MEEQ, MEEHI 등 개별 앱과 서비스를 통합하여 만든 비대면 메타버스 교육 플랫폼 'MOON'을 2021년 7월 출시했습니다.[44] 'MOON'은 유·초등 대상의 원격교육 플랫폼으로 휴먼 케어가 가능하며, 마블러스의 감성 인공지능 솔루션인 'MEE'를 활용해 차별화된 서비스를 제공합니다. 선생님들에게는 화면 공유·다양한 수업 형태 및 집중도·자리 비움·감성 분석 데이터를 제공하는 한편, 아이들은 자신의 캐릭터와 공간을 통해 원격수업에 더욱 몰입할 수 있고 지역별·국가별 새로운 친구들을 만나거나 소통할 수 있습니다. 또 2016년 미국에서 출시된 메타버스 플랫폼 스페이셜(Spatial)은 3D 공간 창작에 적합한 협업 플랫폼으로, 원격 기반의 화상회의에서 한 걸음 더 나아가 사용자의 모습을 기반으로 만들어진 3D 아바타를 통해 가상공간에서 회의·협업·전시·콘퍼런스 등을 진행할 수 있습니다. 그동안은 VR기기가 있어야 사용할 수 있다는 한계가 있었지만, 최근에는 별도의 기기 없이 참여 가능한 웹 버전이 오픈됨에 따라 다양한 3D 모델링·수업 협업·디지털 작품의 소유권 개발과 이를 판매할 수 있는 NFT 갤러리까지 교육 전방위로 활성화 중입니다.

[그림 2-2-8] 스페이셜의 3차원 가상공간에서 3D 아바타의 협업 모습

자료: Spatial 공식 홈페이지(https://spatial.io/).

---

44) 김인희(2021.5.11.). "㈜마블러스, 올해 7월 메타버스 교육 플랫폼 'MOON' 출시". 강소기업뉴스.

[그림 2-2-9] 한국산업기술대학교의 '퓨처VR랩' 시연 장면

자료: 매일경제(2021.4.6.). "산업기술대, 메타버스 공학교육 시스템 구축…'가상공간에서 대면수업 가능'".

기기와 도구를 활용하는 교육도 눈여겨봐야 합니다. 한국산업기술대학교는 2021년 5월 국내 대학 최초로 20여 명이 동시에 VR(가상현실) 실습이 가능한 메타버스 공학교육실습실을 구축하였습니다. '퓨처VR랩'이라는 이름의 이 실습실은 교육부가 선정한 대학 혁신 지원 사업으로, 메타버스 개념을 실시간 온라인 강의와 접목해 실제 강의실 수업과 유사하지만 새로운 형태의 강의 방식을 제공합니다. 혼자 가상공간에 접속해 학습하는 방식이 아니라, 교수와 학습자가 동시에 접속해 실시간 상호작용으로 가상 실습을 진행한다는 데 주된 특징이 있습니다. 학생들의 움직임과 손가락 동작까지도 확인되는 모니터링 시스템을 통해 교수는 학생들의 수업 활동을 실시간으로 알 수 있고, 학생들 또한 실시간으로 원하는 지도를 요청하는 것이 가능합니다.

해외의 주목할 만한 사례로는 미국의 아메리칸 하이스쿨(American High School, AHS)이 퀄컴(Qualcomm), 빅토리XR(VictoryXR)[45]과 협력해 시범 도입한 세계 최

---

45) '퀄컴'은 미국에 기반을 둔 무선 통신기술 개발기업이며, '빅토리XR'은 VR 및 AR 기술을 활용한 교육과정 및 자료 개발 회사임.

초의 메타버스 학교 '국제 VR 고등학교(International VR High School)'가 있습니다. 국제 VR 고등학교는 기존 학교에 적응하기 힘들거나 이용하기 어려운 전 세계 학생들에게 좋은 대안으로 기대를 모으는 중입니다. 미국 학력 인증 기관 중 하나인 남부 대학 및 학교 인증협회(Southern Association of Colleges and Schools-Council on Accreditation and School Improvement, SACS-CASI)의 인증으로 졸업 시에는 미국 전역에서 인정되는 고등학교 학위 취득이 가능합니다. AHS가 실시한 가상 캠퍼스 시범 프로젝트는 학생들과 교사들이 VR 교실에 모여 마치 실제 학교 건물에서 만난 것처럼 상호작용하는 실감형 수업입니다. 3차원 이미지를 통해 생물학 수업에서는 인간의 장기를, 화학 수업에서는 분자의 구성을, 역사 수업에서는 과거 역사 현장을 함께 살펴볼 수 있습니다.

AHS와 협력 기업들은 시범 프로젝트를 통해 메타버스 기반의 교실 환경이 학생들의 학습 참여도와 등록 유지율 향상에 도움이 되었다는 것을 확인하고, 이를 확대 적용하는 계획을 수립하고 있습니다. [그림 2-2-10]은 개구리 해부학 수업 모습으로, 세계 최고의 동물 해부 교육 기업인 캐롤라이나 바이오로지컬(Carolina Biological)과 파트너십을 맺어 전문적이고도 친환경적·친생물적인 수업을 경험하게 도와줍니다. 이 같은 250여 개의 VR 과학 실험과 수업은 학생들이 안전하면서도 다양한 경험을 할 수 있다는 강점을 인정받아 세계 최고의 VR 교육에 수여하는 바이브포트 어워드(Viveport Award)를 수상하기도 하였습니다.

[그림 2-2-10] 국제 VR 고등학교(International VR High School) 개구리 해부 실습 장면

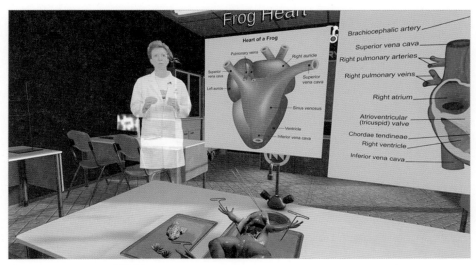

자료: VictoryXR Academy 홈페이지.

제3장

메타버스 문화예술교육의
현재와 미래

메타버스 문화예술교육의 현재

1. 문화예술교육의 변화: 오프라인에서 온라인, 메타버스로

메타버스 문화예술교육과 관련한 전문 강연과 세미나는 코로나19가 시작된 2020년 비대면 문화예술교육 강연에서 확장되어 2021년부터 본격화하기 시작했습니다. 경기도 산하 공공기관인 경기문화재단은 2021년 하반기 '메타버스와 함께 가는 문화예술교육 연구'를 처음으로 진행하였고, 연구 보고의 일환으로 진행된 비대면 세미나에는 예정된 인원 이상의 신청이 단기간에 몰리면서 메타버스 문화예술교육을 향한 높은 관심을 확인하였습니다. 본 저자는 위 연구의 책임연구자이자 여러 메타버스 문화예술교육의 강연자로서 거수를 통한 인식 조사를 진행하고 다양한 질의응답을 모을 수 있었고, 이를 통해 기본적으로 메타버스 문화예술교육 관계자들이 다음과 같이 혼재된 인식을 하고 있다는 것을 알 수 있었습니다.

메타버스 자체에 대한 궁금증

·메타버스에 관해 관심은 있지만 잘 몰라서 알고 싶습니다.

·팬데믹 이후로 반드시 적응해나가야 하는 분야라 생각합니다.

·사용 방법, 프로그램을 배우고 싶어요.

·메타버스를 어떻게 활용해야 할지 막막합니다. 도움을 받고 싶습니다.

·아직 생소해서 부정적·긍정적 생각을 명확하게 표현하지 못하겠습니다.

자신의 예술 창작 및 예술 교육 영역에서 메타버스 활용 방안

·예술에서 메타버스가 어떻게 활용되는지 궁금합니다.

·각 예술 분야(미술·음악·연극 등)에서 적용되는 사례가 궁금합니다.

·메타버스와 예술 교육의 관계를 알고 싶어요.

·제가 작가이기에 이를 활용한 방식의 교육을 만들고 싶습니다.

·예술 교육에서 아이들과 소통을 어떻게 더 잘할 수 있을지 궁금합니다.

메타버스에 대한 우려와 거부감

·아이들이 메타버스에 빠져 현실을 모르면 어떻게 하나요?

·예술 교육은 사람들을 온라인에서 빼내주어 치유하는 역할이 아닐까요.

·메타버스에서 벌어지는 언어적 폭력이나 성추행과 같은 것은 어떻게 해결하나요.

·예술가이자 학부모 입장에서 메타버스는 거부감이 먼저 듭니다.

·현실감과 몰입감이 높을수록 중독성이 커지지 않을까요.

살펴보자면 메타버스 문화예술교육에서는 예술 교육가로서 예술 교육적 활용 방법 뿐만 아니라, 기성세대이자 학부모로서 입장이 혼재되어 있는 것을 알 수 있습니다.

기존 문화예술교육에서 기본적으로 학습자 중심의 심미적 예술 활동 개발과 활용 과정에 집중하는 것과는 다른 양상으로, 메타버스에 대한 이해 부족과 함께 메타버스를 게임과 동일시함으로써 생기는 부정적 오해가 공존하는 것입니다.

이 같은 인식 틀의 부재와 혼란은 문화예술교육 분야가 전문성 있게 메타버스 문화예술교육을 연구·육성·개발하고, 과학·기술·철학 등 타 영역에 대한 존중과 연대를 만들어가는 데 그 시작부터 걸림돌이 될 수 있습니다. 그러므로 본 장의 제1절에서는 메타버스 문화예술교육의 인식 틀 마련에 토대가 되기를 바라며, 오프라인에서 온라인, 메타버스로 이동하는 교육 변화 과정과 함께 메타버스 문화예술교육의 개념, 메타버스 문화예술교육의 접근 방식을 살펴보고자 합니다.

가. 온·오프라인의 교육효과 비교

만약 여전히 온라인과 오프라인 중 무엇이 나은지를 고민 중이라면 이미 수많은 연구자가 같은 고민과 실험을 했다는 것을 관심 있게 볼 필요가 있습니다. 온라인 교육에 관한 초기 연구는 주로 오프라인 교육과 비교를 통해 "효과가 있다, 없다" 혹은 "무엇이 더 나은가"를 경쟁하는 방식으로 진행됐습니다. 예를 들어 제임스 디트와일러(James E Detwiler)는 온라인 수업에서 더욱 높은 수준의 학습이 이뤄진다고 주장하였으나,[1] 트래윅(Trawick), 릴(Lile), 하우젠(Howsen)은 온라인에서 수업할 경우 오프라인에서 교육할 때보다 학습의 효과성이 떨어진다고 분석합니다.[2] 한편 올

---

1) Detwiler, J. E.(2008). "Comparing student performance in online and blended sections of a GIS programming class". 『Transactions in GIS』. 12(1). pp.131–144.

2) Trawick, M. W., Lile, S. E. and Howsen, R. M.(2010). "Predicting performance for online students: Is it better to be home alone?". 『Journal of Applied Economics and Policy』. 29(Spring). pp.34–46.

슨(Olson)[3]과 허성규[4]는 온라인이든 오프라인이든 학습 성과에 차이가 거의 없다는 것을 발견했습니다. 하주현, 조남재는 [표 3-1-1]과 같이 온라인, 오프라인 교육을 각 특성에 따라 비교하되 온라인이 제공하는 '새로운 매체'는 지식을 전달하는 수단만이 아니라 그 자체가 메시지이고, 정보이며, 시상(詩想)이고, 학습의 장이라고 분석합니다.[5]

[표 3-1-1] 오프라인 교육과 온라인 교육의 특성 비교

구분	오프라인 교육	온라인 교육
시간	동시적 교육	동시적 또는 비동시적 교육 모두 가능
장소	같은 장소(대개 교실)	같거나 다른 장소 모두 가능
정보	교사가 가진 정보의 양에 국한	텍스트에 있는 정보만이 아니라 네트워크를 통한 신속하고 풍부한 정보의 입수 가능
커뮤니케이션	양방향(교사의 주도)	양방향(주로 학습자의 주도)
교육비용	교사 양성 및 재교육에 주로 투자	초기 비용과 제작 시간이 많이 듦
개별화 학습	일반적으로 개별화 학습 불가능	학습자 특성에 맞는 개별화 학습이 가능
학습환경	주로 수동적인 학습환경	능동적인 학습환경
이용되는 지식의 수준	제한된 정보로 인해 주로 이해 위주 또는 암기 위주의 수업	발전적 사고와 창의력을 향상시킴.
학습 방향의 유지	교사의 주도 아래 학습 동기나 관심 유지	학습자 주도 학습이므로 때로 학습 방향이 잘못되거나 너무 일찍 중단될 가능성 있음

자료: 하주현, 조남재(2002). "가상공간을 이용한 창의성 교육의 효과". 『교육심리연구』. 16권 1호. pp.229-253.

---

3) Olson, D. A.(2002). "Comparison of online and lecture methods for delivering the CS 1 course". 『Journal of Computer Sciences in Colleges』. 18.

4) Huh, S., Jin, J.J., Lee, K.J., and Yoo, S.(2010). "Differential effects of student characteristics on performance: Online vis-à-vis offline accounting courses". 『Academy of Education Leadership Journal』. 4.

5) 하주현, 조남재(2002). "가상공간을 이용한 창의성 교육의 효과." 『교육심리연구』. 16권 1호. pp. 229-253.

과목이나 연령, 환경 등 다양한 변수에 따라 온라인과 오프라인 교육의 효과성에 관해 정반합(正反合)을 반복하는 무수한 연구들이 이어지고 있으나, 결국 그 방향은 누구 하나의 완승이 아니라 적절히 활용하고 상호 보완되는 형태로 발전합니다. 온라인 매체가 점차 발전하고 상용화함에 따라 오프라인 교육에 비교되거나 효과성을 논쟁하던 차원을 넘어 점차 불가피한 것 혹은 미래 세대에게 필요한 것으로 수용된 것입니다.

이에 따라 온라인 교육과 관련한 연구도 보편적이고 창조적인 기회로서 온라인 교육 활용을 논의하게 되었고 어떻게 하면 더 효과적일지 다양한 방식에 관한 연구로 전환해 확장되었습니다. 자오(Zhao)는 디지털 도구(Digital Tool)가 창의적 활동과 이를 공유할 기회를 더욱 많이 제공하는 것에 집중하였고,[6] 엘윈(Elwyn)은 기술이 교육의 핵심이라고까지 표현하면서 기술광(Technophiles)이든 기술공포증(Technophobic)이든 상관없이 온라인 교육이 이제 불가피하다는 사실을 뒷받침합니다.[7]

최근 온라인 기반 회의용 플랫폼과 메타버스 플랫폼을 비교 분석한 연구에서는 줌(Zoom) 등의 실시간 온라인 회의용 플랫폼은 교사가 주도하는 교육일 때에만 활용할 수 있지만, 메타버스 플랫폼은 교수·학습 환경이 하나의 생태계로 구축된다는 것을 강조합니다.[8] 즉, 메타버스 플랫폼은 단순한 교육 도구가 아닌 현실의 교육

---

6) Yong Zhao(2012). "World Class Learners: Educating Creative and Entrepreneurial Students". 『AASA Journal of Scholarship and Practice』. Vol.9, No.3 Fall, 2012.

7) Selwyn, N.(2016). "Is Technology Good for Education?". 『Polity Press』. Cambridge UK.

8) 전재천, 정순기(2020). "메타버스(Metaverse) 기반 플랫폼의 교육적 활용 가능성 탐색". 한국정보교육학회: 학술대회 논문집. pp.361-368.

활동과 교수자 그리고 학습자 간의 생활 전반이 그대로 이식되는 것으로서, 감정 조절·관계와 소통·협력을 포함한 문화 전반이 포함되는 수준에서 교육적 가능성이 있다고 분석한 것입니다.

나. 문화예술교육에서의 온라인과 메타버스

국내외 교육 영역에서는 매체의 빠른 발전과 다양한 연구에 힘입어 온라인 교육과 에듀테크에 꾸준한 지원을 하게 됩니다. 정보화시대에 이어 4차산업혁명에 이르기까지 온라인 교육은 주요한 교육 정책 중 하나로 자리매김하였으나, 상대적으로 문화예술교육은 문화예술이 교육과목(내용)의 한 영역임에도 불구하고 온라인 교육에 녹아들지 못했습니다. 예술성은 대면, 현존, 동시성을 근간으로 한다는 고정적 인식[9]으로 인하여 예술 교육에서 온라인은 거의 배제된 채 오프라인을 통해서만 주된 교육 활동을 해온 것입니다. 물론 2000년대 이후 특정 장르의 예술 교육이나 융복합 예술 교육에서 디지털 기술과 온라인 매체가 사용되었지만, 대부분은 수업 도구의 일부분으로 소극적 활용을 넘어서지 못했습니다. 당연히 타 교과 영역보다 관련 기초연구나 교육 개발, 교육 활용의 데이터 양과 질도 현저하게 떨어질 수밖에 없었습니다.

이 같은 문화예술교육계에 온라인 교육을 촉발한 것은 바로 코로나19입니다. 2020년 1월 국내에 첫 확진자가 발생한 이후 전국으로 코로나19가 확산하면서 사회적 거리두기 정책이 시행되었고, 이에 따라 문화예술계와 문화예술교육계 전체가 멈추는 초유의 사태가 벌어집니다. 학교 교육은 2020년 4월 9일 고3·중3 온라인 개

---

9) 한국문화예술교육진흥원(2020). "온라인 문화예술교육 동향 리포트".

학을 시작으로 EBS 온라인클래스와 e학습터 등 원격수업 플랫폼을 활용한 국가 수준의 원격교육 전환이 빠르게 이루어졌습니다. 그러나 문화체육관광부 및 전국 지자체 문화예술 기관의 예술 교육은 교육부 정책에 따른 학교 예술 강사 지원 사업을 제외하고는 2020년 중반 이후에야 불가피하게 온라인 교육 전환을 진행하게 됩니다.[10]

오랫동안 오프라인 교육 방식에 고착되어 있던 문화예술교육은 코로나19를 겪는 동안 온라인 교육에 다음과 같은 인식 변화를 겪습니다.

[그림 3-1-1] 코로나19 이후 온라인 문화예술교육의 인식과 역할 변화

10) 한국문화예술교육진흥원(2020). "온라인 문화예술교육 동향 리포트".

·2020년(코로나19 초기): 문화예술교육의 온라인 플랫폼이나 디지털 도구의 선험적 데이터 축적과 공유가 매우 미흡하여 기존에 하던 대면 수업을 화면에 내보내는 일차원적·일방향적 방식의 수업이 대부분이었음. 줌(Zoom)과 유튜브 같은 화상회의나 영상 플랫폼이 주된 도구였으며 온라인 및 디지털은 대면 수업을 대신해주는 대체재로 사용됨.

·2021년: 단순하고 일방향적인 온라인 수업을 반성함에 따라 비대면 문화예술교육 연수 및 개발 지원이 연초부터 활발히 이루어짐. 교육 방식도 수업 내용에 따라 온라인과 오프라인을 병행하거나 꾸러미(키트)를 발송한 뒤 온라인 교육을 진행하는 등 단순 기능 교육을 넘어 학습자들의 감정과 활동을 끌어내는 것을 경험·공유하게 됨. 이에 온라인 교육을 문화예술교육 활동의 보완재로 빠르게 개발, 발전시킴.

·2022년~: 문화예술 교육가와 학습자들이 온라인 플랫폼 활용에 익숙해지면서 온라인 수업에서 기술적 문제로 가질 수밖에 없던 시간적·감정적 소비가 크게 줄어들었음. 온라인과 디지털을 응용한 창의적이고 심미적인 문화예술 수업 개발과 활동에 집중할 수 있는 환경이 본격적으로 조성됨. 코로나19와 관계없이(종식 이후에도) 온라인 문화예술교육을 하나의 독립재로 활용할 수 있는 역량과 인식 마련의 공감대가 형성됨.

온라인 문화예술교육은 코로나19 이후 짧은 기간이지만 축적된 데이터를 통해 그 효과 및 가능성에 관한 연구들이 이뤄지고 있습니다. 그 결과, 온라인 문화예술교육은 오프라인 문화예술교육에 익숙하여 미처 시도하거나 실험해보지 못했던 예술 수업에 다

음과 같은 핵심 포인트를 제공하는 것으로 분석되었습니다. [11]

   ·개방성(Openness): 시간과 공간 제약이 없어 참여자들과 더 개방적으로 만나고 소통할 수 있는 장을 마련할 수 있음.

   ·유연성(Flexibility): 학습자가 자율적으로 학습 진도를 결정하고 자기주도적으로 학습하는 것을 의미하며, 문화예술교육에서는 온·오프라인 도구와 키트 등을 연계하는 블렌디드 러닝을 통해 개별 참여자들의 자율적 예술 활동을 담보할 수 있음.

   ·다양성(Dispersibility): 오프라인에서 예술 교육가가 준비한 자원 외에 학습자가 있는 곳에서 혹은 함께 접속하고 공유하는 활동을 통해 다양한 학습 자원을 얻고 활용할 수 있음.

   ·즉, 불가피한 사회적 거리두기 상황에서 하지 않는 것보다 나은 수준 정도의 문화예술교육이 아닌, 더욱더 창의적이고 자기주도적인 예술 수업으로 변화할 가능성을 확인.

그러나 전문가들은 코로나19 종식 후, 교육계 및 문화예술계의 메타버스 활용 지속 여부에 우려를 표하기도 하였습니다.

---

11) Jeon Ju Hyun(2021). "A Study on Education Utilizing Metaverse for Effective Communication in a Convergence Subject". 『International Journal of Internet, Broadcasting and Communication』. Vol.13 No.4. pp.129-134.

"코로나19가 종식되고 전면 등교수업이 시행되면 교육에서 메타버스는 축소될 것입니다. '학교에서 굳이 메타버스를 해야 하는가'라는 고민이 대두되면서 방과 후 온라인 수업 활성화 여부 또한 불투명해질 것이고, 결국 학생이 아닌 학교나 교사의 의지에 따라 온라인 수업 지속 여부를 결정하게 될 것입니다. 그러나 이미 온라인 교육에 적응한 학생들과 과거로 회귀하고자 하는 교사 사이의 현장 갈등은 외면할 수 없어요. 실제로 교육계에서는 영어 교육, ICT 교육이 본격적으로 도입되었을 때 교사들의 명예퇴직률이 급증했습니다. 결국 대응하지 못하는 사람이 빠지고 그 자리에 신규 인력이 유입됨으로써 빠른 변화의 흐름이 만들어지기도 하니까요. 결국 코로나19가 아니었다면 디지털 교육의 발전은 10~20년 정도 더 늦어졌을 것입니다. 변화는 고통을 수반하는데 이제는 어떻게 함께 변화하고 대처해야 할지를 고민해야 할 때입니다."

_ 한선관 교수(경인교대 컴퓨터공학과 교수, 한국인공지능교육학회장)

"경기도교육청을 비롯해 전국 교육청에서는 코로나19 이후 에듀테크로 메타버스를 이용한 워크숍이나 시연, 활동들이 이뤄지고 있습니다. 교사들을 대상으로 하는 연수에서도 메타버스와 관련된 다양한 연수가 이미 열리고 있으며 또 2022년 상반기에는 경기도교육청 차원에서 관련 사업도 준비 중입니다. 다만 교사들에게 메타버스 연수나 교육이 강제성을 띠는 것은 아닙니다. 학급에서 에듀테크를 접목하는 현장 사례도 니즈는 존재하지만, 아직 시험 단계라 사례가 많지는 않습니다. 만약 팬데믹이 종식된다 해도 완전히 예전과 똑같게 돌아갈 수는 없다고 생각됩니다. 학생들의 혼란이 가중될 것입니다. 그렇지만 학생과 교사가 기대하는 바가 달라 교육청은 현재 중립적으로 바라보고 있습니다. 다만, 예술 교육적 측면에서는 메타버스로의 변화가 긍정적이라고 여겨집니다. 또 다른 형태의 협동과 협력의 가능성이 생기고, 언제 어디서나 두려움 없이 시도할 수 있다는 것, 이 같은 예술 교육 차원의 시도가 지속된다면 교육 전반에 상당한 영향을 미치게 될 것입니다."

_ 김무겸 장학사(경기도교육청 융합교육정책과)

교사와 예술가, 예술 교육가들은 익숙한 기존 방식으로 돌아가려 할 가능성이 있으나 이미 재택 수업과 가상공간에 익숙해진 아이들은 완전한 회귀가 어려울 수 있어 양쪽 의견을 적절히 조율한 새로운 교육 방식 논의가 필요한 것입니다. 특히 오프라인에서 온라인 수업으로 변화한 것은 코로나19라는 외부적 상황에 의해 불가피하게 이뤄진 것이다 보니 온라인 및 메타버스 문화예술교육에 인식과 공감·동의가 부족한 상황이고, 여전히 온라인 문화예술교육의 선험과 데이터의 축적·공유는 미흡합니다. 이런 가운데 디지털 활용 능력과 활용 의지, 연령 등에 따라 예술 교육가, 행정가, 정책 수립자 개개인 간 온라인 문화예술교육 인식과 역량 격차는 확대되고 있습니다. 궁극적으로 문화예술교육 차원에서 동시적 온라인 및 메타버스 문화예술교육의 수용과 다양성 개발은 팬데믹과 관계없이 필요한 의제가 되어야합니다.

이처럼 교육계는 이제 온라인 교육의 효과성 논의를 뛰어넘어 VR·AR과 메타버스 활용 교육, 리터러시 교육, AI 윤리 교육 연구까지 활발히 진행 중이지만, 문화예술계와 문화예술교육계는 온라인뿐 아니라 그 연속선상에 있는 메타버스의 초기 논의에 머무르고 있습니다. 새로운 시대 현상과 그것이 갖는 의미의 이해·인식이 부족하고, 공유할 기회가 매우 드물었기 때문일 것입니다. 여전히 예술 교육에 효과가 있느냐 없느냐에 머물러 있거나 디지털 매체에 거부감과 부정적 정서가 있다면, 교육학계에서 수십 년 앞서 선행된 온라인과 메타버스 교육 그리고 산업 분야의 에듀테크에 관한 연구를 재빨리 참고할 필요가 있습니다. 모르는 것은 두려움을 주지만, 충분히 알고 익숙해지면 그때부터 본격적으로 기술을 넘어 문화예술을 중심에 둔 전문적이고 독자적인 연구와 교육 개발이 가능할 것입니다.

2. 메타버스 문화예술교육의 개념

　들어가는 글에서 '메타버스 문화예술교육'을 메타버스, 문화예술, 교육의 합성어이자 세 영역의 교집합으로서 일반적인 개념 정의 방법에 따라 '현실과 긴밀히 연결된 가상세계에서 이루어지는 삶의 양식 및 창조적 표현 증진에 영향을 주는 모든 활동'이라 정의한 바 있습니다.

[그림 3-1-2] 메타버스 문화예술교육의 일반적 개념 모형

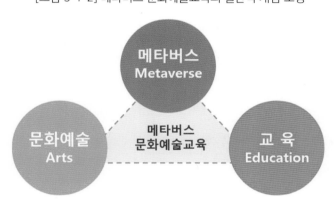

　전문가들은 메타버스가 산업·경제 측면에서 이미 중요한 현상으로 다루어지고 있으나, 교육계와 문화예술계에서 기술을 맹신하거나 과도한 두려움을 갖는 것은 불필요하다고 입을 모읍니다. 오히려 명확한 현상 인식과 이해가 선행된 상태에서 예술 교육의 전문성과 유일성을 끌어내는 정책과 활동이 진행되어야 한다는 것입니다. 또한 메타버스는 특정한 도구적·공간적·장르적 영역이 아닌 하나의 현상이자 사회 문화이므로, 메타버스 문화예술교육의 초기 이론에서는 일반적 합성어로서 그 정의와 함께 다각적 고찰을 통한 여러 개념의 포괄적 수용이 필요한 시점이라

할 수 있습니다. 이에 따라 각 관점과 역할을 기준으로 메타버스 문화예술교육 개념을 분류하고 문화예술 측면에서 그 수용 방향을 살펴보고자 합니다.

가. 관점별 메타버스 문화예술교육

먼저 관점별로 분류하자면 메타버스를 사회현상으로 바라보느냐 혹은 문화예술로 바라보느냐에 따라 그 개념이 달라질 수 있습니다.

우선 사회현상 관점에서 보는 메타버스 문화예술교육은 메타버스가 일상이 되고 문화가 된 사회현상과 가상환경 내에서 이루어지는 모든 문화예술교육 활동을 뜻합니다. 메타버스를 새로운 기술이나 도구 정도가 아닌, 사회·경제·문화 전반에 영향을 끼치는 광범위한 현상(혹은 혁명)으로 보는 관점이라 할 수 있습니다. 이 같은 개념은 산업과 경제 영역에서 주로 나타나지만, 그 외에도 코로나19와 같은 전염병과 환경 문제, 기타 재난 문제 등으로 대면 교육이 불가능한 상황이 지속되거나 메타버스 환경이 PC에서 모바일 환경으로 전환된 속도처럼 사회 전반에서 빠르게 대중화·문화화한다면 비대면 문화예술교육을 위한 메타버스 전환 및 상용화는 충분히 일어날 수 있을 것입니다. 다만, 메타버스 문화예술교육이 메타버스 사회현상 관점

[그림 3-1-3] 메타버스 사회현상 관점에서 보는 메타버스 문화예술교육 개념 모형

의 모형으로 정의되기 위해서는 우선 메타버스 기술 및 하드웨어, 통신망 등이 더욱 발전하고 보급되는 것이 필수적입니다. 또한, 다양한 변수(사회적·문화적·교육적·규범적·정책적·기술적 변수 등)의 영향을 받기 때문에 그 시점과 방향, 형태에 유연하게 대처할 수 있는 전문적 논의와 반영이 요구됩니다.

다음으로 문화예술 관점에서 보는 메타버스 문화예술교육은 메타버스 문화예술을 하나의 장르이자 플랫폼, 도구, 기술, 학문(미학·예술 교육학·예술 경영학…) 등의 예술 영역으로서 교육하고 매개하는 것으로, 현재 국내 문화예술교육 현장에서 메타버스 문화예술교육을 바라보는 일반적인 관점이라 할 수 있습니다. 즉, 메타버스 문화예술교육을 비대면 문화예술교육 중 하나로 여기거나 HMD와 같은 도구, 제페토나 게더타운과 같은 플랫폼 등을 활용한 일종의 문화예술 영역 혹은 그 하위분류 개념으로 여기는 관점입니다. 지금은 관련된 플랫폼과 도구 등의 발전이 초기 단계이고, 예술 교육가들의 경험이나 접근 또한 높지 않아 다양한 문화예술교육으로서 메타버스 활용은 부족한 상황입니다. 그러나 태블릿을 통한 드로잉, 미디를 통한 작곡 등이 현재는 일반화된 것과 같이 메타버스 관련 하드웨어와 소프트웨어가 더욱 보편화·상용화하면 예술가들의 창의성과 함께 관련 문화예술교육이 활성화될 것

[그림 3-1-4] 문화예술 관점에서 보는 메타버스 문화예술교육의 개념 모형

입니다. 그러나 전문가들은 인터뷰와 자문을 통해, 메타버스 문화예술교육이 하나의 장르나 영역보다는 장기적으로 지금까지 이어진 예술관과 예술 교육의 생태계 전반을 뒤엎는 새로운 전환을 예측하거나 기대하였습니다. 아울러 한 단계 넘어서는 변혁적 성장을 위해서는 교육 주체부터 소통 방식, 세계관 변화에 이르기까지 다른 관점, 다른 창의성에 대한 열린 태도가 요구된다고 강조하였습니다.

나. 목적별 메타버스 문화예술교육

문화예술교육에서 예술이 목적인가 도구인가 그 차이를 기준으로 나누는 구분 방식('Education for Arts' vs 'Education through Arts')[12]에 따라, 메타버스 문화예술교육을 메타버스를 목적으로 하는 문화예술교육(Arts Education for Metaverse)과 메타버스를 도구로 활용하는 문화예술교육(Arts Education Through Metaverse)으로 구분할 수 있습니다.

먼저 메타버스를 목적으로 하는 문화예술교육(Arts Education for Metaverse)은 그 목적이 명확한 '환경' 교육이나 '디지털' 교육과 같이 메타버스 그 자체가 목적이 되어 메타버스 활용 기술을 배우고, 메타버스 콘텐츠를 창작하고 제작하는 데 중심을 두는 교육입니다. 메타버스 플랫폼이나 하드웨어, 소프트웨어를 익히는 방법 혹은 도구로서 예술에 유용성이 있지만, 창의적인 예술 활동 자체가 목적이 아니므로 예술적·미적 경험을 얻는 것이 필수 요소는 아닙니다. 우리나라 학교의 소프트웨어 교육, 코딩 교육과 같은 디지털 교육의 목적은 디지털 전문가를 키우는 것이 아니라 논리적·창의적 사고력을 함양하는 것으로, 발레 교육에 비유하자면 발레를 가르치

---

12) 김태희(2020). 『아이중심·놀이중심의 예술 수업』. 착한책가게.

[표 3-1-2] 메타버스 문화예술교육의 역할에 따른 분류

구분	메타버스를 목적으로 하는 문화예술교육 (Arts Education for Metaverse)	메타버스를 도구로 활용하는 문화예술교육 (Arts Education through Metaverse)
교육적 목적의 유형	외재적 목적: 취업·직업 체험 등 수단적·가치 중립적	내재적 목적: 자아실현·미적 표현 등 가치 지향적
문화예술교육 목적	메타버스를 배우거나 메타버스 SW 콘텐츠 창작을 위한 문화예술교육	메타버스 플랫폼, 하드웨어나 메타버스 소프트웨어를 활용하는 문화예술교육
메타버스 역할	메타버스 자체가 목적	메타버스가 예술교육 활동의 도구
예술의 역할	예술이 메타버스 교육의 도구	예술(심미적 활동) 자체가 목적
예술과 기술의 균형	기술 ≥ 예술	기술 ≤ 예술

는 것이 아닌 발레 전 스트레칭을 가르치는 교육이라고 비유하기도 합니다.[13] 즉, 메타버스를 자유자재로 사용할 수 있는 기본적인 소프트웨어 교육 혹은 예술을 통해 쉽게 메타버스 기술을 익히게 하는 교육은 메타버스 예술을 창조적으로 발현하기 위한 전제적 교육이 될 수 있습니다.

다음으로 메타버스를 도구로 활용하는 문화예술교육(Arts Education Through Metaverse)은 음악·미술·연극 등 다양한 장르 예술 혹은 융합예술을 위해 메타버스 플랫폼, 하드웨어, 소프트웨어 등을 활용하는 교육입니다. 메타버스의 활용 범

---

13) 정윤경(2017). "생각하는 힘을 기르는 소프트웨어 교육". 『교육 정책포럼』. 제286호. pp.4-9.

위는 문화예술교육의 전 과정이 될 수도 있고, 창작 도구·교육 공간·전시 공간 등 과정 가운데 한 가지 혹은 몇 가지 과정에 활용하는 등 문화예술교육 프로그램 구성에서 무한한 경우의 수를 가질 수 있습니다. 메타버스를 도구로 활용하는 문화예술교육의 성장은 메타버스 플랫폼과 하드웨어, 소프트웨어 등 전반적인 기술의 발전과 상용화에 비례합니다. 향후 메타버스 산업의 양적·질적 성장의 가속화가 전망됨에 따라 관련 문화예술교육을 향한 관심과 요구도 함께 커질 것으로 예측됩니다. 다만 메타버스 사용 경험과 활용 능력이 예술 표현의 유연성과 창의성에 직접적인 영향을 끼치므로, 다양한 계층 간 메타버스 접근 경험과 활용 능력의 격차를 줄이는 것이 메타버스를 통한 문화예술교육의 효과성 및 공공성을 담보하는 주요 전제가 될 것입니다.

3. 메타버스 문화예술교육에 대한 접근방식

가. 메타버스 문화예술교육을 향한 관점

메타버스는 하나의 기술이나 도구가 아닌 실질적 현상으로 여겨집니다. 이에 따라 신문과 텔레비전부터 인터넷에 이르기까지 지난 100여 년간 하나의 현상으로 이어진 미디어 교육의 개념 변화와 접근 방식을 바탕으로 하여 메타버스 문화예술교육의 접근 방식을 다음과 같이 3가지로 분류해 살펴보고자 합니다.

·보호주의적 관점

·산업적·기술적 관점

·문화적·환경적 관점

[표 3-1-3] 메타버스 문화예술교육의 접근 방식 분류

패러다임	보호주의적 관점	산업적·기술적 관점	문화적·환경적 관점
교육목적	– 보호주의 – 예방적 차원	– 개인의 자율 조정 능력 – 기술 습득 능력	–문화·환경 적응 능력이 곧 메타버스 능력 (문화와 환경의 상호작용)
정의	반문화적	기술·산업	일상 문화·환경
요구 능력	– 선별적 수용 – 메시지 분별	– 적극적 수용 – 메시지 해독	– 환경적 생산과 창조 – 메시지 창조
교육 내용	– 감상과 분별	– 해독과 기술력	– 응용, 생산, 창조력
인간형	– 수동적 인간	– 능동적 인간	– 창조적 인간

보호주의적 관점은 초기 미디어 교육이 본격적으로 발생한 이론적 근거로서 교육 이전에 비평과 권리를 위한 '운동'의 형태를 띠었습니다. 한국에서는 1980년대 시민 단체와 종교단체를 중심으로 미디어의 공공성과 공정성, 상업주의를 경계하기 위한 보호주의적 미디어 운동이 시작되었습니다. 1990년대 중반 '개선 없는 싸움'에 관한 자기반성에 이르러 운동이 아닌 교육으로서 아동·청소년과 시민을 대상으로 하는 실천적 측면으로 방향 전환이 이뤄집니다.[14]

보호주의적 관점은 엘리트주의적 시각으로서 기술적·환경적으로 퍼져 나가는 미디어 현상을 저급한 문화이자 부정적인 영향을 끼치는 것으로 해석하였습니다. 그러므로 아동·청소년과 시민들에게 '문화에 대한 분별력(Discrimination on Culture)'을 가르치고,[15] 예방접종을 하여 해악을 끼치는 문화로부터 보호하

---

14) 정현선(2004). "청소년 대상 미디어 교육의 현황과 제도화 움직임에 대한 비판적 고찰". 『한국청소년연구』. 제15권 제1호 통권 제39호. pp.41-71.

15) 영국의 시인이자 문화평론가인 매슈 아널드(Arnold, M. 1822~1888)의 저서 『Culture and Anarchy(문화와 무정부상태)』에서 언급된 내용으로 이후 보호주의적 미디어 비평에 수없이 인용됨.

고 저항력을 길러주는 것이 목표였습니다(맥과이어(McGuire)의 '예방접종 이론 (Inoculation Theory)').[16]

이 같은 미디어 현상의 보호주의적 교육은 차츰 산업적·기술적 관점과 문화적·환경적 관점으로 발전해갔으나, 현재 중장년 세대 일부는 여전히 보호주의적 성향이 강합니다. 생각해보면 이들이야말로 보호주의적 교육(1970~90년대)을 받은 세대이기 때문에 새 기술과 교육, 새 기술과 예술이 접목되는 시점마다 기존에 학습된 시각이 우선할 수밖에 없고, 메타버스 현상으로 이어지는 현재에도 정책과 산업을 향한 다양한 관점 이전에 '보호냐 발전이냐'를 먼저 논쟁하기도 합니다.[17]

보호주의적 관점에 이어 나타난 것이 산업적·기술적 관점입니다. 미디어 교육의 초기 산업적·기술적 관점은 마르크스주의 비판 이론을 바탕으로 지배계층과 그 이데올로기의 미디어 유포를 비판적으로 읽고 분석하는 것에 초점을 둡니다. 미디어 현상을 새로운 산업이자 언어, 기호로 인식하여 텍스트를 해독하고 스스로 자정하는 것이 목표였습니다.[18] 기술과 산업의 고도화가 이어지면서 산업적·기술적 관점은 산업적 기호를 해석하는 측면을 넘어 미래 산업의 먹거리를 위한 실용적 해석과 접근으로 보는 시각도 함께 발전합니다. 더 능동적으로 산업의 언어를 수용하고 텍스트를 읽으며 스스로 이를 자정하고 기술을 습득하는 현실 기반의 접근이 강화된 것입니다. 메타버스 문화예술교육은 산업적·기술적 조건이 전제되고, 메타버스 산

---

16) William J. McGuire(1964). "Some contemporary approaches". 『Advances in Experimental Social Psychology』. Vol.1. pp.191–229.

17) 김재석(2021.7.8.). "[TIG 특집 ①] 2004~2021, 셧다운제의 역사를 돌아보다: 논의, 통과, 헌법소원, 그리고 유지… 길고 긴 셧다운제의 역사". THIS IS GAME.

18) Frenchette, Julie D.(2003). Developing Media Literacy in Cyberspace: Pedagogy and Critical Learning for the Twenty-First-Century Classroom. London: Praeger.

업과 기술 또한 창의적 인재 양성과 창조적 프로토타입의 시도를 요구합니다. 따라서 문화예술교육에서 산업적·기술적 관점은 비평적·해석적 접근과 함께 상호 필요에 따른 협력적·보완적 접근이 더욱 커질 것으로 예측할 수 있습니다.

마지막으로 문화적·환경적 관점의 접근 방식은 가장 최근까지 이어지는 현대화된 방식입니다. 미디어 교육에서 미디어를 일상 속 현상 자체로 인정하되, 일방적인 '수용'이 아닌 디지털 시대에 중요한 시민의 역량으로서 미디어를 관계와 소통의 도구로 건강하게 '활용'하는 데 그 목적을 두는 것입니다.[19] 변화하는 문화적·환경적 패러다임의 하나로 메타버스에 접근할 때 메타버스 문화예술교육은 변혁 능력과 비례합니다. 또한, 메타버스를 통한 학습과 놀이, 소통에 익숙한 아동들에게는 메타버스가 배우고 습득해야 할 기술이 아닌 일상의 공간이기에, 그 자체를 활용하고 재창조하는 문화적·환경적 관점의 접근이 필요하기도 합니다.

새로운 매체와 기술을 대하는 교육의 접근과 수용 방식은 시대마다 변천 과정을 거쳤고 성장 시기와 매체의 특성에 따라 다른 순서를 보입니다.

· 100여 년에 걸친 미디어와 커뮤니케이션 영역의 관점: 보호주의적 → 산업적·기술적 → 문화적·환경적 관점의 순으로 서서히 변화.
· 50여 년에 걸친 온라인, 디지털 영역의 관점: 산업적·기술적 → 보호주의적 → 문화적·환경적 관점 순으로 변화.

---

19) 김양은(2013). "디지털 미디어 리터러시의 개념과 필요성: 디지털 시대의 미디어 리터러시 중요한 것은 수용이 아닌 활용". 『신문과 방송』. 통권 507호. pp.63–68.

메타버스는 산업적·기술적 측면의 발전이 산업·경제·문화 전반을 이끌어가는 형태로서 패러다임의 속도가 비교할 수 없이 빠릅니다. 그러므로 초기 메타버스 문화예술교육에서 보호주의적−산업적·기술적−문화적·환경적 3가지 관점의 동시적 접근은 불가피하며, 그 가운데 창의적·예술적 문화예술교육에 가장 적합한 내용을 찾아가는 과정이 이제 시작되었다고 봅니다.

메타버스 문화예술교육의 미래

1. 메타버스 문화예술교육의 역할

메타버스 문화예술교육의 미래를 그려볼 때 지금까지 지속해온 문화예술교육과 비교하여 무엇이 더 좋다 안 좋다를 논쟁하기보다 메타버스 문화예술교육의 강점을 살펴보고, 그 역할을 통해 예술 교육적 효과를 극대화하는 것에 집중할 필요가 있습니다.

가. 다중 감각 및 몰입감을 통한 새로운 예술 경험

가장 먼저 메타버스 문화예술교육의 강점은 다중 감각과 몰입감을 통해 새로운 예술 경험을 할 수 있다는 데 있습니다. 메타버스 교육은 비대면 온라인 교육의 범주와 한계를 뛰어넘는 것으로, 특히 메타버스가 가진 시각·청각·촉각 등의 다중 감각과 다차원적 표현 그리고 사유와 소통이 가능한 공간적 특성은 예술 및 예술 교육과 중요한 접점이 됩니다. 인공지능, 로봇 공학 등 과학기술은 예술과 결합해 인터렉티브 아트, 뉴미디어 아트 등 새로운 예술 영역을 개척해왔습니다. 기술과 예술의 결합은 작품과 관객, 발신과 수용, 기호와 의미 등 예술의 의미를 재개념화하며 새로운 미학을 창조해냅니다.[20] 데이터와 인공지능 등 가상공간 속 인프라를 사용하는 것은 문화예술교육의 확장을 끌어냅니다. 예술적 표현 매체로서 가상현실은 아직 초기 단계지만, 기술을 통해 창작 요소를 변형하며 문화적·창조적 잠재력을 폭발시키기도 합니다. 온라인 플랫폼은 형태와 대상이 다각화하면서 새로운 사회공간으로도 자리매김하게 되었습니다. 교육·공연·전시·관광과 같이 현실 속 다양한 활동이 온라인에 구현되고, 물리적으로 어려운 경험까지 가상공간에서는 가능해진 것입니다.

영국의 정보시스템공동위원회(Joint Information Systems Committee: JISC) 보고서에 따르면, 고등·평생 교육 분야 교수와 연구진들이 응답한 AR·VR의 가장 큰 효과는 학생들의 수업 몰입감과 참여도를 높이고 전통적 교실에서 불가능했던 상황적·경험적 학습을 제공할 수 있다는 것이었습니다.[21] 즉, 메타버스에서 진행되는 몰입감 있는 수업은 소수를 대상으로 한 수업에 특히 좋은 효과를 보이는데, 문화예술교육에서는 개개인의 역량을 끌어내고 집중하게 한다는 점에서 긍정적으로 작용합니다.

나. 능동적·창의적 예술 활동으로 확장

또 가상현실의 다중 감각을 활용한 문화예술교육 활동은 궁극적으로 학생들에게 더 적극적인 정보 인지 활동과 창의적 활동을 촉진할 수 있습니다.[22] 코비(Korbey)는 가상현실 기술을 활용한 수업이 학생들에게서 더 많은 질문과 참여를 끌어낸다

---

20) 류지영(2021). "뉴노멀 시대의 미술교육―포스트휴먼 시대의 감성과 기술적 상상력으로서의 미술교육". 『미술교육연구논총』. pp.103–131.
21) JISC(2019). "Augmented and virtual reality in learning and teaching".
22) 전재천, 정순기(2020). "메타버스(Metaverse) 기반 플랫폼의 교육적 활용 가능성 탐색". 한국정보교육학회: 학술대회논문집. pp.361–368.

는 것을 확인하였습니다.[23] 이는 더 많은 자극과 경험이 주어질 때 학습 내용의 기억이 현저히 높아진다는 교육학자 에드가 데일(Edgar Dale)의 '학습의 원추(Cone of Learning)' 이론에 따라 메타버스 내에서 이뤄지는 교육이 능동적 학습(Active Leaning)이자 활발한 상호작용 도구로 활용되는 것이라고 할 수 있습니다.

[그림 3-2-1] 에드가 데일의 학습의 원추(Cone of Learning) 이론[24]

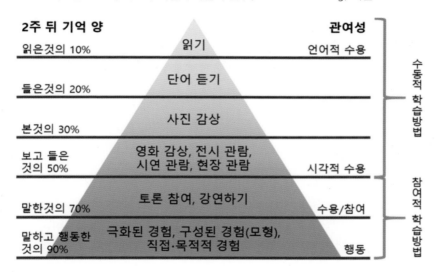

특히 메타버스에서 예술 도구와 악기 등의 변화는 문화예술교육의 확장 및 기술적 상상력을 촉진할 수 있습니다. 기술적 상상력이란 프로그램으로 상상력을 현실화하는 기술적 힘을 의미합니다. 신기술은 언제나 새로운 창조를 만들어낸다[25] 는 점에서 창의성이 이전의 창작에는 없었던 개념으로 변화할 것을 예측할 수 있습니다.

23) Holly Korbey(2017). "Will Virtual Reality Drive Deeper Learning?" GEORGE LUCAS EDUCATIONAL FOUNDATION.
24) 장선희, 장효진, 김성훈(2021). "가상현실 기반 안전교육 콘텐츠 유형 연구." 『한국콘텐츠학회논문지』. Vol. 21 No. 1. pp. 434-445.
25) Flusser, W., 김성재 역(2004). 『피상성 예찬: 매체 현상학을 위하여』. 커뮤니케이션북스(원저 1995 출판).

예를 들어 메타버스에서는 드럼이 없어도 가상세계에서 직접 관객 혹은 밴드와 함께 드럼 연주를 할 수 있고 캔버스와 물감, 조각 도구가 없어도 3차원적 드로잉과 모형 설계가 가능합니다.

이 같은 도구의 변화는 예술 표현과 경험의 확장성에 기여하는데, 특히 뉴미디어는 문화예술교육의 도구인 동시에 창의적 사고를 위한 매개체로도 기능할 수 있습니다. 메타버스 속 증강된 초현실적 이미지는 비일상적 미적 경험을 제공합니다. 특히 HMD 등 웨어러블 기기를 활용한 기술과 신체의 협력적 수행은 다중 감각적 특성을 극대화할 수도 있습니다.[26] 감각이라는 것을 인간과 세계의 상호작용으로 볼 때, 다양한 매체의 활용은 인간의 신체를 뛰어넘어 감각을 확장합니다. 이에 디지털 감성(Digital Sensibility)을 통한 접근과 확장은 고유한 의미를 가질 수 있습니다.

[그림 3-2-2] 감각의 확장으로서 디지털 감성의 핵심 키워드

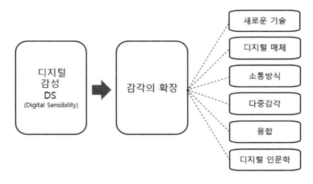

자료: 박수정, 이미희, 전수현, 이하림, 송명길, 이주연(2019). "포스트휴먼 시대 디지털 감성으로 접근하는 미술교육". 『미술교육연구논총』. 59. pp.1-36.

---

26) 손지현(2021). "시각문화와 디지털 리터러시 교육을 위한 교수 학습 원리 연구". 『미술과 교육』. 22(3). pp.1-24.

존 듀이(John Dewey)[27]는 하나의 경험에는 '순간마다 갖는 독특한 숨결과 각 부분이 지녀야 할 고유한 색깔'이 있다고 하였습니다. 가상공간 속 미적 경험은 현실 세계와는 다른 고유함이 될 수 있고, 이는 학습자의 미적 경험 스펙트럼을 창조하고 확장하는 데 도움을 줄 수 있습니다. 뉴노멀 시대의 미술교육 연구에서는 기술을 도구나 수단이 아닌 '상상력의 출발점'으로 분석합니다. 비디오 아트·미디어 아트 등은 기술이 예술에 영향을 미친 결과이고, 미술뿐만 아니라 음악에서도 디지털 기술은 큰 변화를 만들었습니다. 상호적으로 예술가들 역시 기술적 상상력을 통해 기술 발전에 기여해왔습니다. 즉, 기술과 예술, 엔지니어와 예술가의 경계는 흐려지거나 협업이 강화되고 능동적·창의적 예술은 이를 활용하고자 하는 만큼 그 한계를 넓혀가게 될 것입니다.[28]

> "문화체육관광부가 주최하고 한국문화예술회관연합회가 주관하는 '기술 입은 문화예술교육' 지원 사업의 일환으로 안양문화재단에서 메타버스 문화예술교육을 진행하였어요. 3차원 그림 툴인 멀티브러시와 VR챗(VRChat)를 활용하여 50명의 아이와 함께한 100% 온라인 교육이었습니다.
> 멀티브러시는 틸트브러시라는 툴에 누구든 동시에 접속해서 그릴 수 있게 오픈소스로 나온 프로그램인데, 아직 메타버스 관련 프로그램들이 완전히 상용화되거나 안정적이라고 볼 수는 없습니다. 그런 것들을 예술가들과 함께 실험적으로 사용하면서 저희는 그 자체를 하나의 진보를 이룬 거라고 여겼습니다. 왜냐하면 아이들이 HMD를 모두 각자의 집, 공간에서 착용하고 있는데 저희는 학생들이 보고 있는 것을 알 수가 없잖아요. 그래서 뭐가 보이는지를 음성만으로 다 듣고 코칭하면서 무엇을 누르고 무엇을 할지를 알려주었어요. 그런데 정말 놀라웠던 건 아이들이 막상 익숙해지고 나니 창

27) 미국의 철학자이자 교육학자. 지식을 생활에 도움이 되는 수단으로 여기는 '도구주의' 견해를 갖고 있었고, '아동 중심 교육'을 강조함. 대표적 저서로는 『논리학-탐구의 이론』, 『경험으로서의 예술』 등이 있음(출처: 안광복(2017). 『처음 읽는 서양 철학사』. 어크로스).
28) 류지영(2021). "뉴노멀 시대의 미술교육—포스트휴먼 시대의 감성과 기술적 상상력으로서의 미술교육". 『미술교육연구논총』. 66. pp.103-131.

의력을 발휘할 수 있을까 하는 의심이 사라질 만큼 3차원 공간에 그림을 너무 잘 그리는 거예요. 여기서 잘 그린다는 표현은 아이들이 너무나 자유로워 보였다는 것입니다. 그래서 예술 교육가들이 중간중간 계속 상호작용을 시도했어요. 어떻게 그랬느냐, 어떤 것이 재미있느냐 물어보니 평소에는 작은 종이에 그림을 그리는데 평면 종이에 그리면 이걸 다 축소해서 그리잖아요. 이걸 3차원으로 그리니까 좋다는 거예요. 어떤 아이는 스스로 삼국지 캐릭터를 창조해서 그리고, 어떤 친구는 매일 우주 행성에 관한 책을 본다는데 그걸 3차원 공간에 다 그렸어요. 어떤 친구는 핫도그 만드는 가게를 그렸는데 종이에 작게 그리는 것이 아니다 보니 여기 소시지 이만큼, 여기 빵을 나란히, 여기 굽는 기계 등등 실제 사이즈로 신나게 그렸어요. 그래서 저희가 그 아이들이 그린 그림에 함께 들어가 직접 볼 수도 있고 놀 수도 있었습니다. 아이들의 놀라운 창의성을 본다는 것에 함께한 예술 교육가들이 큰 감명을 받았고, 집에서 함께 지켜보던 학부모님들의 만족도도 매우 높았습니다. 저희에게 선물을 보내주실 정도였어요. 이런 과정을 통해 이제 멀티, 다중적 교육이 시작되었다, 메타버스에서 하는 교육이 가능하다 하는 것을 느꼈습니다. 다만 아직 많은 사람을 대상으로 하는 범용성 있는 교육으로서는 부족하고요. 기술적으로도 멀티브러시는 한 공간에 10명까지만 가능하다거나 하는 한계가 있어 아직 시간이 조금 더 필요할 거예요. 그러나 오히려 소수의 아이에게 집중하는 교육으로는 매우 탁월하다는 것을 경험할 수 있었습니다. 즉, 아이들이 각 가정과 같은 장소에 떨어져 있지만, HMD 기계를 착용하고 메타버스에서 만났을 때 손수(눈과 손, 몸 등)의 집중화가 가져오는 장점을 느꼈고 메타버스라는 이 매체의 장점이 몰입감이겠구나 하는 걸 많이 느낄 수 있었어요. 그래서 참여한 아이들의 만족도도 높을 수밖에 없었던 것입니다."

_ 이혜원 대표((주)기어이)

다. 한계를 넘어서는 접근성과 시공간을 초월하는 소통·협업 제공

　　메타버스 문화예술교육은 한계를 넘어서는 접근성과 시공간을 초월하는 소통 및 협업을 제공할 수 있습니다. 우리나라의 인터넷 보급률은 2020년 기준 99.7%로 2005년 OECD 조사 이래 꾸준히 1위를 지키고 있습니다. 10가구 중 7가구 이상이 한 대 이상의 컴퓨터를 가지고 있고(Access to Computers from Home)[29] 만 14~18세 아동 중 약 98%가 스마트폰을 사용합니다.[30] 한국은 당연히 팬데믹 비대면 교육으로 온라인을 선택했고, 원래 하던 학교 수업 방식을 줌(Zoom)·유튜브·각 학교 홈페이지 동영상 등을 통해 화면에 담아내며 디지털 강국의 저력을 확인하였습니다. 메타버스는 컴퓨터와 모바일 보급률, 활용 능력, 통신망의 속도 등과 밀접한 관련이 있기에 한국은 그 어느 나라보다도 빠르게 메타버스에 진입할 수 있는 조건을 갖춘 것으로 평가되고 있습니다.

　　온라인을 넘어선 메타버스 생태계는 가상공간 내에서 시공간을 초월한 교육과 소통, 협업을 가능하게 하며 이를 통해 교수자와 학습자의 범위를 무한대로 넓힙니다. 도시 지역과 도서·산간 지역, 국내와 해외 등 물리적 거리를 뛰어넘는 교육이 이루어질 수 있으며, 이는 교수자와 학습자뿐 아니라 다양한 유형의 학습자 간 협업프로젝트를 가능하게 합니다. 이뿐만 아니라 소프트웨어의 특성에 따라 현존하는 세계적 예술계 거장들은 물론, 반 고흐나 모차르트와 같은 역사 속 예술가들도 예술 교육가가 될 수 있고, 가상의 세계에서 그들과 함께 협동 작업이나 협연을 하는 것도 가능합니다. 메타버스를 통한 다채로운 형태의 관계 형성 경험은 학습자의 문화 다양

---

29) OECD(2020). "ICT Access and Usage by Households and Individuals,"(https://data.oecd.org/).
30) 한국청소년정책연구원(2020). '2020 한국아동·청소년 패널조사: 사업보고서'.

성과 포용성 함양에 긍정적인 영향을 기대할 수 있습니다.

또 메타버스는 다양한 현실적 제약을 극복하고 언제 어디서나 누구든지 문화예술 교육을 할 수 있게 도와줍니다. 지역 인근에 예술 교육을 할 만한 시설·프로그램·예술가가 없거나 악기와 도구를 갖추지 못했을 때는 물론이고 거동이 불편한 경우에도, 재해와 전염병 팬데믹 속에서도 가능합니다. 기본적인 기예나 복잡한 지식을 모르는 사람도 쉽게 예술작품을 만들어낼 수 있게 해줍니다. 디지털에 익숙한 아이들은 비싸고 커다란 드럼이나 피아노를 굳이 집에 놓지 않아도 이미 스마트폰이나 태블릿 애플리케이션으로 이 악기들을 비롯해 다양한 악기들을 연주하고 공유합니다. 이런 시스템이 2D 화면에서 3D 메타버스로 들어가면 아이들은 더욱 많은 신체와 감각을 사용하면서 언제 어디서든 다양한 예술을 다양한 친구들과 함께 공유하고 배우고 협연할 수 있게 됩니다.

"지금까지 교육에서 창의성은 개인의 것이지 협업 능력은 없었거든요. 그런데 메타버스 안에서 또는 기술 안에서는 협업 능력이 굉장히 중요할 수 있어요. 메타버스 안에서는 시공간의 경계를 넘어, 그다음에 아날로그와 디지털의 경계를 넘어, 그다음으로는 사람과 인공지능의 협력도 중요한 상황이 됐어요. 왜냐하면, 내가 만든 작품에 인공지능이 더 붙어서 하면 새로운 게 만들어지고, 인공지능이 한 것을 다시 사람이 갖고 와서 거기다 뭔가를 더 입히면 새롭게 우리가 바라보지 못했던 것들이 나오기 때문이에요. 협업이 창의성의 요소가 될 수 있습니다. 그런 창의성에 새로운 정의가 생긴다면 기존 예술가들 또는 변하고자 하는 예술가들이 가지는 기존 인식이 많이 파괴될 거라는 생각이 들어요."

_ 한선관 교수(경인교대 컴퓨터공학과 교수, 한국인공지능교육학회장)

"저는 VR 미디어 아트를 위해 지금 10명 넘는 팀원들과 같이 작업을 하고 있습니다. 그래서 협업은 이미 진행되고 있으며 다른 사람들이 함께한다고 해서 그 작품이 작가의 의미를 전달하지 않았다고 단정할 수 없어요.

기술과 함께하는 작품이 존재하기 위해서 협업은 필수적입니다. 혼자서 모든 것을 다 해야 한다는 개념에서 벗어나 오히려 협업을 통해 내가 생각하지 못했던 것을 배워나갈 수 있어요. 그뿐만 아니라, 관객을 만나기 전에 팀원들한테 먼저 설명하는 과정에서 작가로서 연습이 더 많이 됩니다. 나 스스로 질문하지 않았던 것, 나한테 너무 당연했던 게 남들한테는 당연하지 않을 수 있거든요. 그래서 기술을 사용하는 한 예술가의 입장에서도 협업은 굉장히 중요하고 함께 연합하는 그런 에코시스템의 지원이 있어야 한다고 생각해요."

_ 권하윤 작가(미디어 아티스트, 예술 교육가)

메타버스가 가지는 접근성의 강점은 문화예술교육 측면에서 역이용할 수 있는 부분이 되기도 합니다. 많은 사람이 디지털 격차를 우려할 수 있지만 우리나라는 특수하게도 교육청에서 지원하는 학생용 노트북 보급률이 대도시보다 도서·산간 지역과 소외 지역에서 더 높게 나타납니다. [표 3-2-1]에서와 같이 시 단위(17.58%)와 비교해 도 단위(21.73%)의 학생용 노트북 보급률이 더 높고, 지리적으로도 도서·산간 지역이 많은 인천광역시(44.66%), 강원도(38.45%), 전라북도(43.13%), 전라남도(57.68%), 제주특별자치도(56.38%)의 학생용 노트북 보급 비율이 대도시보다 높습니다. 이는 소외 지역을 우선으로 하는 지원 정책에서 기인한 것입니다. 따라서 예술가와 예술 교육 인프라가 부족한 도서·산간 지역에 시공간적 제약이 덜한 메타버스 예술 교육을 확대할 필요가 있습니다.

[표 3-2-1] 지역별 노트북 보급률 비교

[단위: 개, 대, %]

구분		전체 학교 수	노트북 수								
			전체	학생용		교원용		직원용		기타	
			대	대	%	대	%	대	%	대	%
전체		12,140	309,112	60,474	19.56	223,432	72.28	8,867	2.87	16,339	5.29
지역	시 지역 (특별/광역시)	3,981	147,680	25,964	17.58	108,446	73.43	3,835	2.60	9,435	6.39
	도 지역	8,236	160,211	34,820	21.73	115,945	72.37	5,080	3.17	4,366	2.73
시도교육청	서울특별시	1,367	55,571	10,726	19.30	40,246	72.42	1,450	2.61	3,149	5.67
	부산광역시	640	25,803	2,997	11.61	20,883	80.93	596	2.31	1,327	5.14
	대구광역시	460	17,090	2,973	17.40	11,296	66.10	503	2.94	2,318	13.56
	인천광역시	539	10,230	4,569	44.66	5,165	50.49	198	1.94	298	2.91
	광주광역시	323	16,825	2,080	12.36	13,480	80.12	465	2.76	800	4.75
	대전광역시	308	10,155	1,250	12.31	8,268	81.42	179	1.76	458	4.51
	울산광역시	250	8,832	1,083	12.26	6,971	78.93	359	4.06	419	4.74
	세종특별자치시	94	3,174	286	9.01	2,137	67.33	85	2.68	666	20.98
	경기도	2,486	79,889	9,604	12.02	66,765	83.57	2,770	3.47	750	0.94
	강원도	667	8,412	3,234	38.45	4,834	57.47	231	2.75	113	1.34
	충청북도	495	13,366	3,576	26.75	9,230	69.06	348	2.60	212	1.59
	충청남도	738	14,765	2,149	14.55	12,088	81.87	376	2.55	152	1.03
	전라북도	781	6,311	2,722	43.13	3,167	50.18	270	4.28	152	2.41
	전라남도	891	8,186	4,722	57.68	2,844	34.74	385	4.70	235	2.87
	경상북도	980	12,850	3,134	24.39	7,179	55.87	317	2.47	2,220	17.28
	경상남도	1,000	13,876	4,238	30.54	8,930	64.36	298	2.15	410	2.95
	제주특별자치도	198	2,556	1,441	56.38	908	35.52	85	3.33	122	4.77

자료: 교육기본통계(KEDI). 2020년 10월 기준.

"아이들은 물리적인 공간 개념이 다릅니다. 팬데믹을 겪으면서 온라인에서도 할 수 있다는 것을 알게 된 세대이자, 공부와 놀이의 경계가 모호한 세대이기도 하지요. 그러다 보니 어른들이 걱정하는 것에 비해 온라인에서 관계를 맺는 것이 자연스럽습니다. 디지털 콘텐츠와 디지털 학습에도 친밀하기 때문에 기성세대가 가지는 기준을 탈피해야 하지요. 특히 인터넷 환경은 대도시 학교에서 잘될 것 같지만 오히려 도서·산간이 디지털 인프라는 더 잘 구축되어 있어요. 이런 점들을 예술을 접하기 어려운 지역까지 잘 활용한다면 좋을 것입니다."
_ 한선관 교수(경인교대 컴퓨터공학과 교수, 한국인공지능교육학회장)

"제가 예전에 퇴학당하기 직전에 있는 고등학교 아이들과 '마지막 챔스'라는 예술 교육을 했었는데요. 너무 안타까웠던 게 이 아이들은 자신들이 무엇을 좋아하는지 찾기 어렵고 자신을 표현할 수 있는 공간이 너무 없었다는 것이었습니다. 그러니 여러 환경에서 오히려 소외될 수밖에 없고 행동은 더 삐딱해질 수밖에 없는 악순환이 되지요. 이런 아이들에게 예술이 너무 멀게 느껴지지 않게 하는 것이 좋지 않을까요. 어디로 신청하거나 찾아가야 하는 것이 아니라 시공간 제약 없이 소통할 수 있는, 약간 비물질적인 공간이 필요하다는 생각이 듭니다. 왜냐하면 공간은 정신과도 굉장히 밀접하게 연관되어 있고, 그것이 어떤 신체적인 공간을 떠나서 다른 방식으로 소통을 했을 때 일종의 필터링 같은 효과를 제공하기도 하거든요. 현실에서 못 하는 것이 이제 가상현실과 같은 다른 공간에서는 이루어질 수 있고, 좀 더 쉽게 할 수도 있어서 메타버스 문화예술교육을 제약 없는 소통의 공간으로 사용해도 좋지 않을까 하는 생각이 듭니다."

_ 권하윤 작가(미디어 아티스트, 예술 교육가)

라. 크리에이터 경제 기반의 예술가적 사고 중심의 문화예술교육

    메타버스 문화예술교육은 크리에이터 경제를 기반으로 예술가적 사고와 거시적 안목 등을 발달시키는 데 도움을 줄 수 있습니다. 메타버스는 플랫폼의 콘텐츠를 단순히 소비하는 것에서 한 걸음 더 나아가, 직접 새로운 공간과 콘텐츠를 생산하고 그 과정에서 공감각적 체험이 가능한 구조로 변화해가고 있습니다. 이는 학습자들이 단순한 문화예술 소비자에서 콘텐츠 창작자로 변모하는 경험을 제공합니다.[31] 산업계에서는 소비를 넘어 생산 과정에 참여하는 적극적이고 참여적인 소비자인 '프로슈머(Prosumer)'라는 개념이 이미 보편화되었습니다. 교육 현장에서도 단순히 다양한 지식과 정보를 습득하는 데 그치지 않고, 창조적이면서 주도적으로 지식과 정보를 재생산하고 확장하는 역량을 학생에게 요구하고 있습니다. 메타버스 환경은

---

31) 한국교육학술정보원(2021). "메타버스(Metaverse)의 교육적 활용: 가능성과 한계".

이러한 역량을 극대화할 수 있는 환경을 제공합니다.

학교 미술 수업에 구글 스케치업을 활용한 사례에서는 메타버스가 단순한 기능 중심·지식 중심의 미술 수업을 넘어 전시 과정을 가상으로 작업해보면서 스스로 미적 감각을 경험하고 공유할 수 있다는 것을 확인할 수 있습니다.[32] 학생들은 디지털 미술관의 디자인부터 전시 구성, 작품 관람까지 미술품 전시 전반의 프로세스를 경험하는데, 우선 하나의 미술관을 4개의 별도 건물로 설계·건축하고 각각 개성에 맞게 건물 외형을 디자인합니다. 학생들은 각 전시실의 주제를 설정한 뒤 몬드리안, 고흐, 호크니, 앤디 워홀 등 전시 작가를 정하는데, 선정한 작가의 작품들은 구글 아트 앤드 컬처(artsandculture.google.com)에서 발췌하여 전시를 진행합니다. 수업에서는 학생들에게 구글 스케치업을 활용한 표현 방법을 교수하고, 학생들이 건축하고 전시한 방식에 아이들 스스로 다양한 의견을 제시하고 비교하게 하였습니다. 아이들은 아바타의 이동 시점으로 전시된 작품들을 직접 돌아보고 감상했습니다. 이렇게 미술을 메타버스의 관점에서 협업하고 전시해본 학생들은 자기주도적 미술 학습을 통해 더욱 다양한 방식으로 미술을 생각하면서 흥미를 높입니다.

메타버스 교육에서는 정답이나 옳고 그름이 없이, 학습자 개개인이 가진 경험과 의도에 충실한 무한대의 학습 활동 설계와 확장이 가능합니다. 이같이 높은 자유도를 가진 수업 방식은 일반 주입식 교육뿐 아니라 기능 중심·재능 중심에 의해 흥미나 결과에 격차가 있을 수밖에 없던 전통적 문화예술교육의 한계를 극복하게 합니다. 컨버전스의 개념에서 오늘날 아이들은 스스로 새로운 정보를 찾아 연구하고 산

---

32) 이경아(2021). "메타버스(Metaverse) 시대의 미술교육". 『미술교육논총』. 제35권 3호. pp.324-348.

[그림 3-2-3] 디지털 미술관에서 3D 아바타 이동 시점으로 관람하는 모습(학생 작품)

자료: 이경아(2021). "메타버스(Metaverse) 시대의 미술교육". 『미술교육논총』. 제35권 3호. pp.324-348.

재한 미디어 콘텐츠들을 연결하여 직접 창작하고 소통하는데, 이렇게 가상공간 속에서 이루어지는 아이들의 디지털 참여 문화에서는 오히려 놀이성, 수행 능력, 집단 지성, 네트워킹 등이 요구됩니다.[33] 지식과 기능 전달로 예술가와 같은 결과물을 만들어내도록 하는 것이 아니라, 예술가처럼 생각하고 작업하는 예술가적 사고와 과정 자체에 집중하는 문화예술교육을 지향해야 하는 것입니다.

여기서 예술가적 사고는 예술가처럼 생각하는 사고로, 컴퓨팅 사고를 참고하여 이해할 수 있습니다. 교육부는 2015년 개정 교육과정 중 소프트웨어(SW) 교육을 필수교과로 지정하면서 정보문화 소양을 통한 핵심 역량으로 '컴퓨팅 사고력'과 '협력

---

33) Jenkins, H.(2006). 『Convergence culture』. New York University Press.

적 문제 해결력' 2가지를 제시하였습니다. '컴퓨팅 사고력'은 컴퓨터의 기본 개념과 원리를 이해하고 활용하여 다양한 학문 분야의 문제에서 컴퓨터와 같은 사고력을 통해 창의적 해법을 구현, 적용하는 능력을 의미합니다.[34] 즉 메타버스 문화예술교육은 통합적 감각과 사유–생산–공유–유통까지 동시에 이루어질 수 있는 생태계이므로 예술적 기예 및 기능, 그것에서 오는 결과물에만 집중하던 문화예술교육의 한계를 넘어설 수 있을 것으로 기대됩니다.

2. 생태계로서 메타버스 문화예술교육의 구성 요소

본 책에서는 메타버스가 하나의 도구나 공간, 영역이 아닌 생태계임을 반복적으로 확인하며 강조하고 있습니다. 메타버스 문화예술교육에서도 온라인에서 메타버스로 향하는 플랫폼의 변화와 뉴노멀 시대 교육시스템의 전환을 고려하여 교육 관계자 간 역할과 교육 내용, 교육 방식 등에 전통적 교육과는 다른 생태계적 특성을 반영해야 합니다. [표 3-2-2]를 보면 단순한 온라인 교육 툴의 차이를 넘어 교육의 주도성과 교수자 그리고 학습자의 역할 전반에서 학습자 중심의 방향으로 전환되는 것을 확인할 수 있습니다.

---

34) 정윤경(2017). "생각하는 힘을 기르는 소프트웨어 교육". 『교육 정책포럼』. 제286호. pp.4-9.

[표 3-2-2] 온라인 미팅 플랫폼과 메타버스 플랫폼의 차이점

Factor	온라인 미팅 플랫폼	메타버스 플랫폼
교육 주도	Teacher > Student 교수자 > 학습자	Teacher = Student 교수자 = 학습자
교수자의 역할	Activity Leading 교육 활동을 주도함 Educational Materials Provided 교육 자료를 제공함	Limited Intervention in Activities 학생 활동에 제한적으로 개입 Provide Materials According to the Needs of Learners 학습자의 요구에 따라 자료 제공
학습 형태	Teacher-centered Learning 교사 중심의 학습 Knowledge Transfer & Sharing 지식 전달 및 공유	Student-Centered Learning 학생 중심의 학습 Knowledge Search and Acquisition 지식의 검색과 획득
사용 범위	Use in Instruction Scenes 설명, 지시 등의 상황	Used in Various Types of Interaction Situations 다양한 유형의 상호작용 상황
참여 방법	Available Only When a Teacher Opens an Online Meeting 교사가 온라인회의를 열 때만 사용	Always Accessible 항상 액세스 가능 Flipped Learning Possible 플립 러닝 가능

자료: 전재천, 정순기(2020). "메타버스(Metaverse) 기반 플랫폼의 교육적 활용 가능성 탐색". 한국정보교육학회: 학술대회논문집. pp.361-368에서 재구성.

또한, 교수자에게서 지식이 흘러가던 학습 방식이 학생 스스로 지식을 검색하고 획득할 수 있는 형태로 바뀌면서, 교사에게만 의지하는 수업이 아니라 다양한 자료와 정보 및 대상과 상호작용하며 시공간을 초월한 학습에 접근하고 자발적 배움이 가능해졌습니다. '대전환'이라고 표현해도 과하지 않은 이 교육의 변화는 OECD가 분석한 [표 3-2-3] 뉴노멀 시대의 교육 전환으로 이어집니다. 가장 눈여겨봐야 하는 것은 전통적으로 공고히 독립적으로 유지되어온 교육시스템이 이제는 하나의 큰 생태계 가운데에서 하나의 영역으로 존재하게 된다는 점입니다. 이 같은 지점을 고려할 때 뉴노멀 생태계 그리고 메타버스 생태계에서 문화예술교육과 그 구성 요소는 이전과 결코 같을 수 없을 것입니다.

[표 3-2-3] OECD 학습 나침반 2030(Learning Compass 2030)
뉴노멀 시대의 교육시스템 특성

특징 Features	전통적인 교육시스템 Traditional Education System	'뉴노멀' 시대의 교육시스템 An education system embodying the "new normal"
교육시스템 Education system	·교육시스템이 독립적으로 존재 ·Education system is an independent entity	·교육시스템이 더 큰 생태 시스템의 일부로 존재 ·Education system is part of a larger eco-system
책임 및 이해관계자 참여 Responsibility and stakeholders engagement	·선별된 인원 집단에 의한 의사 결정. 책임 소재도 선별 집단에 귀속 ·명확한 분업 형태(교장-학교 운영, 교사-교수, 학생-학습) ·Decisions made based on a selected group of people and thus they become held accountable and responsible for the decisions made ·Division of labour(Principals manage schools, teachers teach, students listen to teachers and learn)	·부모, 고용주, 지역사회 및 학생을 포함한 모든 이해관계자 간 의사 결정 및 책임이 공유됨 ·공동 책임(모든 사람이 함께 일하고 학생 교육의 책임을 지며, 학생들은 자신의 학습에 책임을 지는 법을 배움) ·Decision-making and responsibilities shared among stakeholders, including parents, employers, communities, and students ·Shared responsibility(everyone works together and assumes responsibility for a student's education and students also learn to be responsible for their own learning)

특징 Features	전통적인 교육시스템 Traditional Education System	'뉴노멀' 시대의 교육시스템 An education system embodying the "new normal"
효과성 및 학교 경험의 질에 대한 접근법 Approach to effectiveness and to quality of school experience	·가장 가치 있는 결과(학생 성과, 학생의 성취도를 책임감 및 시스템 개선을 위한 지표로 평가) 학업 성과에 초점 ·Outcomes most valued(student performance, student achievements are valued as indicators to evaluate systems for accountability and for system improvement) Focus on academic performance	·'성과물'뿐만 아니라 '과정'도 평가(학생의 성과와 성취에 더하여 학생의 학습 경험은 그 자체로 본질적인 가치를 지닌 것으로 인식) ·학업 성취도뿐만 아니라 전체론적인 학생 복지에 초점 ·Valuing not only 'outcomes' but also 'process'(in addition to student performance and student achievements, students' learning experiences are in and of itself recognised as having intrinsic value) ·Focus on not only academic performance but also on holistic student well-being
커리큘럼 설계 및 학습 진행에 대한 접근방식 Approach to curriculum design and learning progression	·선형 및 표준화된 진행(표준화된 선형 학습-진행 모델 기반 커리큘럼 개발) · Linear and standardized progression(the curriculum is developed based on a standardised, linear learning- progression model)	·비선형 진행(학생마다 각자만의 학습 경로가 있고 서로 다른 사전지식, 기술, 태도를 갖추고 있음을 인식) ·Non-linear progression(recognising that each student has his/her own learning path and is equipped with different prior knowledge, skills and attitudes when he/she starts school)
모니터링의 초점 Focus of monitoring	·책임 및 규정 준수 가치 평가 ·Valuing accountability and compliance	·시스템 책임 및 시스템 개선(예: 모든 단계에서 피드백을 통한 지속적인 개선) ·System accountability as well as system improvements(e.g.continuous improvement through frequent feedback at all levels)
학습자 평가 Student assessment	·표준화된 테스트 ·Standardised testing	·다각적으로 사용되는 여러 유형의 평가 ·Different types of assessments used for different purposes

특징 Features	전통적인 교육시스템 Traditional Education System	'뉴노멀' 시대의 교육시스템 An education system embodying the "new normal"
학습자의 역할 Role of students	·학생의 자율성과 교사의 지도에 따른 학습 ·Learning by listening to directions of teachers with emerging student autonomy	·학생 기관 및 협력 기관, 특히 교원 기관의 적극적 참여 ·Active participant with both student agency and co- agency in particular with teacher agency

자료: OECD(2019). "OECD Learning Compasses 2030." 일부는 의역하여 원문을 같이 넣음.

전통적 교육에서 다뤄진 다양한 교육의 구성 요소들은 메타버스 생태계가 가지는 특성으로 인해 반드시 포함되어야 하는지 그 필요충분조건의 성립이 어려울 수 있습니다. 예를 들어 '교수자'의 경우, 메타버스 환경에서는 교육자가 없거나 가상 교육자만으로도 교육이 가능해지므로 기존의 교육자와 같은 역할과 존재가 필요한지 논의가 생길 수 있을 것입니다. 한때는 예술학원이나 문화예술 기관에 가야만 배울수 있던 다양한 미술 기법과 악기들을 이미 유튜브나 온라인 클래스를 통해 교육자 없이 배우는 장이 열려 있기도 합니다.

'학습자'라는 교육의 구성 요소 또한 메타버스 생태계에서는 다른 형태로 여겨집니다. 학습자가 스스로 교수자가 되는 크리에이티브 러닝이나 분야의 전문성에 따라 연령과 관계없이 서로 배우는 소셜 러닝이 가능해지기 때문입니다. 소수의 스승에게서만 배울 수 있었던 도제식 예술 교육보다 이웃 간에 간단한 재능을 교환한다든지, 아이들끼리 메타버스 내에서 캐릭터를 꾸미고 웹툰을 그리는 방법을 공유하고 가르쳐주는 형태의 예술 교육이 어쩌면 생활예술의 향유와 예술 교육의 보편성에 더 가까이 가는 방법이 될 수도 있을 것입니다.

또한 '교육 내용'은 무엇을 가르칠 것인지 정해진 지식과 기술, 진도가 있었던 것과 달리 개별 이용자의 상황과 환경, 수준과 요구에 맞춰 비선형적 진행이 된다는 점에서 큰 차이가 있습니다. 수십 명의 아이를 앉혀놓고 같은 수채화 기법을 가르치는 대신, 아이들의 개별 수준과 창의적 욕구에 따라 더 개인화하고 맞춤화한 교육을 제공할 수 있는 것입니다.

마지막 예시로 '교육 공간'은 아마 메타버스 문화예술교육의 필수적 구성 요소에서 가장 먼저 사라질 것을 예상할 수 있습니다. 팬데믹과 사회적 거리두기가 지속되면서 이미 물리적 공간을 대하는 새로운 인식들이 생겨나고 있습니다. 특히 메타버스는 물리적 시공간을 넘어 플랫폼을 통해 가상세계로 확장하는 것이 무한하게 가능하므로 예술 교육에서 공간적 개념은 새롭게 정립되어야 합니다. 기존의 학교 공간이나 미술관, 공연장과 같은 문화기반시설의 물리적 공간과 가상공간 사이 상호 보완과 역할 분담이 더욱 중요해질 것입니다.

이같이 기존의 전통적 교육을 기반으로 메타버스 문화예술교육과 그 구성 요소를 살펴보는 대신, 본 책 전반에서 살펴본 메타버스의 특성과 OECD 뉴노멀 시대 교육 생태계의 특징을 반영하여 메타버스 문화예술교육의 구성 요소들을 크게 3가지로 분류하여 살펴볼 수 있습니다.

첫 번째는 '창조적 이용자'입니다. 교육자와 학습자의 경계가 불분명해지는 뉴노멀 교육시스템의 환경을 반영한 것으로, 문화예술 교육가의 새로운 역할 모델이자 구성원으로서 창조적 이용자를 의미합니다. 다만, 메타버스의 가상세계는 현실 세계 기반의 공존 영역이므로, 현재의 예술 교육가가 모두 메타버스 문화예술 교육가가 되도록 요구받거나 되어야 할 필요는 없습니다. 창조적 이용자 또한 메타버스 문화예술교육 내의 역할 모델임을 전제하여야 합니다.

두 번째는 '문화예술교육 내용'입니다. 전통적 예술 교육의 지식과 기술, 진도만을 의미하는 것이 아니라 학습 내용 설계부터 교육 관리, 교육 도구, 교육 방법, 교육 평가 등 교육 운영 과정 전반이 메타버스 생태계 내에 포함되는 형태입니다.

세 번째는 '문화예술교육 기관'으로 메타버스 문화예술교육을 지원하는 지역문화재단, 문화예술교육 지원센터, 문화기반시설, 예술 단체, 학교 등입니다. 이때 문화예술교육 기관은 물리적 시설을 넘어 메타버스 생태계의 일부로 다양한 공공 문화예술교육 서비스를 지원하는 기관을 말합니다.

[그림 3-2-4] 생태계로서 메타버스 문화예술교육의 구성 요소

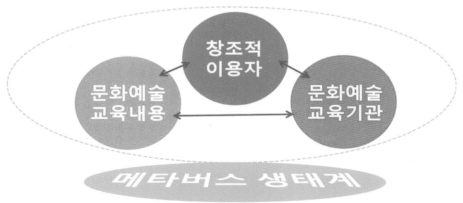

가. 메타버스 문화예술교육의 '창조적 이용자'

메타버스 문화예술교육의 구성 요소 중 첫 번째로 살펴볼 내용은 '창조적 이용자(Creative User)'입니다. 창조적 이용자는 이어지는 다음 '나'에서 기술 영역, 메타버스 콘텍스트(Context) 영역과 함께 제시한 메타버스 문화예술교육의 궁극적 교육 내용이자 창작자, 예술가를 폭넓게 의미합니다. 일반적 개념의 이용자(User)는 수용자·수신자·학습자·대상자 등을 의미하지만, 메타버스 생태계 속에서는 교수자와 학습자가 교육에 관한 공동 계획과 공동 성장, 공동 책임을 갖게 되므로 새로운 역할 모델로서 창조적 이용자 개념을 도출하고자 하였습니다. 즉, 창조적 이용자는 포괄적 의미에서 기존의 교육자와 학습자를 한 번에 통칭하는 것이며, 가르침을 주고받는 전통적 의미가 아닌 창조적 협력과 상호작용을 주된 역할로 하는 이용자 모두를 의미합니다.

그러나 메타버스 문화예술교육에서 단번에 창조적 이용자로 가는 것은 기대할 수도 없고 가능하지도 않을 것입니다. 메타버스 문화예술교육에서 교수자는 '전통적 도제식 기예술 교육의 스승 → 파견 예술 강사 → 온·오프라인 예술 교육가 → 메타버스 예술 교육가 → 창조적 이용자'로 서서히 변화할 것으로 예측됩니다. 교육자는 전통적으로 계몽이나 지식 전달의 역할을 부여받아왔습니다. 특히 문화예술교육은 전통적으로 도제식 교육에 익숙하며, 전통예술 영역의 경우 기예 전수가 가장 중요한 예술 교육의 영역이었으므로 예술에서 스승의 역할은 항상 중요시됐습니다. 예술 교육의 보편성을 지향하며 확장된 예술 강사 파견 사업에 이어 현재 온·오프라인에서 진행되고 있는 다양한 문화예술교육 지원 사업은 멘토의 역할로서 참여자의 능동성을 보다 강조하며 지식 전달자에서 촉진자, 조력자로 예술 교육가의 역할을 바꿔가고 있습니다.[35]

---

35) 장근주(2019). "미래 사회를 대비한 예술 교육의 방향 탐색". 『예술 교육연구』. vol.17 No.1 통권 44호.

[표 3-2-4] 온라인 문화예술교육의 전환 역량

영역	온라인 문화예술교육의 예술교육자 요구 역량
예술성	– 자신의 예술적 소양 및 기술, 열정을 교육 측면에 접목하고 타인의 예술성을 일깨우는 능력 정도
창의적 활동(학습) 설계	–예술 교육의 본질과 예술의 가치를 깨달을 수 있도록 목표에 따른 내용 선정 및 방법, 평가를 유기적으로 구성하는 과정 개발 능력 –온라인 기반에서는 변수 발생에 대응하는 치밀한 사전 설계가 필요
디지털 리터러시	– 예술 활동에 필요한 콘텐츠를 직접 제작하거나 질 높은 콘텐츠를 선별, 재구성하여 개발할 수 있는 능력
의사소통	– 예술 활동의 매개자이자 촉매자, 조력자로서 적극적인 경청과 조언의 수용·공유 등 학습자의 능동적인 참여와 질문을 유도하고 긍정적 변화를 끌어내는 이해 전달 능력
파트너십과 협업	–이루고자 하는 예술 활동의 목표를 위해 교육자-학습자, 교육자-교육자, 교육자-기관 및 공동체 일원들과 네트워크를 구축하고 협업하는 능력 –디지털 매체에 익숙한 밀레니얼 세대의 학습자들과 적절한 파트너십을 맺는 것은 학습자들의 자기주도적 예술 활동을 이끄는 촉매제가 될 수 있음
성찰	– 자신의 역량을 파악하는 자기성찰에서 학습자와 예술 활동 전반에 구성된 단계별 성찰 과정을 분석, 활용하여 예술 교육과 학습자 모두의 성장 발판으로 삼는 것

완벽성, 복제성 중심의 전통적 예술 교육과 창의성, 확장성 중심의 보편적 예술 교육은 다양한 예술 교육가의 권위와 역할, 예술 교육의 내용과 목적, 방향 등을 만듭니다. [표 3-2-4]는 2020년 비대면 교육 상황에서 보다 효과적인 문화예술교육을 위해 제시된 온라인 문화예술 교육가의 요구 역량입니다.[36] 대상자를 직접 만나 예술 교육을 하는 상황에서는 예술적 특성에 맞게 예술성과 창의적 학습 설계 능력이 가장 중요했지만, 온라인 문화예술교육에서는 줌이나 유튜브와 같은 온라인 매체를 활용하게 되면서 디지털 리터러시와 디지털 활용 능력이 추가로 요구되었습니다.

---

36) 한국문화예술교육진흥원(2020). "온라인 문화예술교육 동향 리포트." 예술교육가의 전환 역량 재구성.

여기에 비대면이라는 상황과 기술 전달에서 창의적 활동으로 전환된 예술 교육 추세에 따라 의사소통 및 상호작용 능력과 함께 디지털 매체를 더욱 잘 활용하는 세대와의 파트너십, 협업 능력이 더 강조되고 있음을 알 수 있습니다. 온라인 문화예술교육에 이어 더욱 확장된 생태계로서 메타버스 문화예술교육은 전통적인 문화예술교육과 비교할 때 일방향적·지시적·결과 중심적 교육 자체가 더욱 어려운 환경이라고 할 수 있습니다. 창조적 이용자로서 협력적 역할 변화로 가기 전, 메타버스 문화예술교육을 고려하는 현재의 예술 교육가들은 새로운 변화와 도전에 직면하고 있는 만큼 몇 가지 융합적 역량을 고려해야 합니다.

그 첫 번째는 '메타버스 체험을 통한 이해와 활용 능력'입니다. 전문가들은 예술 교육가들이 먼저 메타버스 안으로 들어가 직접 체험해보아야 한다고 이야기합니다. 메타버스는 경험의 영역이기 때문에 경험해보지 않으면 절대 알 수 없을 뿐만 아니라 예술성과 교육성을 가지고 확장하는 것 자체가 불가능하기 때문입니다. 예술가·개발자와 함께 다양한 예술 및 예술 교육 프로젝트를 진행하는 (주)기어이의 이혜원 대표는 다음과 같이 이야기합니다. "저는 메타버스가 외국에 가는 것과 똑같은 것이라고 말씀을 드립니다. 잘 모르는 외국에 가서 문화예술교육을 하자면 무엇이 필요할까요? 결국은 양쪽의 언어를 아는 통역가가 필요하겠지요. 예술 영역은 기술을 모르고, 마찬가지로 기술 영역은 기술만 고민해요. 그러니 또 창의적이거나 예술적이지는 않잖아요. 결국, 메타버스 문화예술교육을 위해서는 양쪽 영역이 자꾸 만나는 경험을 해야만 합니다. 만나게 하고 체험하는 기회를 많이 만들어주는 것이 메타버스 문화예술교육을 만들어가는 데 꼭 필요하다고 생각해요." 즉, 자신의 의지에 의해서든 공적 지원에 의해서든 예술 지식과 기술 지식을 공유하고 융합할 수 있는 다양한 환경을 만들고 찾아가는 것이 중요하다는 것입니다. 특히 메타버스는 철저히 디지털 기술을 기반으로 하는 만큼 예술과 기술 양쪽 영역의 언어를 익히고 이해하는 노력이 반드시 수반되어야 합니다. 각각의 목표와 경험 공유 과정,[37] 테크니션과의 교류를 통해 사실과 원칙, 경험을 나누는 것도 도움이 될 수 있습니다.[38]

예술 교육가들은 기본적인 플랫폼과 소프트웨어, HMD와 같은 도구를 스스로 체험하고 익숙해질 만큼 활용하여 문화예술교육 시 기술 안내와 최소한의 문제 해결이 가능해야만 합니다. 메타버스 활용 역량은 컴퓨터나 스마트폰과 같이 사용 경험의 양에 비례하는 것입니다. 스마트폰에서 카메라만 쓸 수 있는가, 포토 애플리케이션으로 사진 보정까지 할 수 있는가, 보정한 것을 SNS에 올리는 것까지 할 수 있는가에 따라 스마트폰 활용 영역이 다른 것처럼 메타버스도 기기와 프로그램 활용도에 따라 다양한 학습자의 연령, 발달 수준, 교육 목표를 고려한 자유로운 활용이 가능합니다.

두 번째는 '플랫폼 공간과 도구 활용을 극대화할 수 있는 변혁 능력'입니다. 줌과 같은 온라인 미팅 플랫폼에 비해 메타버스 플랫폼은 무한한 형태로 연계와 확장을 할 수 있습니다. 따라서 다양한 영역에 품는 호기심을 바탕으로 예술 교육가 스스로가 알아가고자 하는 변혁 능력이 매우 중요합니다. 이를 위해 메타버스라는 새로운 기술과 공간의 경험을 신기해하고 재미있어하는 것은 물론, 여기서 더 나아가 메타버스에서 더욱 창의적으로 재구성할 수 있는 깊이 있는 이해가 필요합니다. 이 같은 호기심과 창의적 이해가 바탕이 될 때, 가상세계에서 펼치는 예술 활동을 현실과 연

---

37) Hebert David G.(2016). "Technology and arts education policy". 『Arts Education Policy Review』. Vol.117. No.3. pp.141-145.
38) Blesler, L.(1994). "Initiative, complementary and expansive : Three roles of visual arts curricula". 『Studies in Art Education』. Vol.35 No.2, pp.90-104.

관 지어 성찰하는 수업, 협력적이고 창조적으로 문제를 해결하거나 프로젝트를 수행할 수 있는 수업, 게더타운·제페토·로블록스 등 각 메타버스 플랫폼의 기술적 특징과 강점을 활용하여 적합한 창의적 공간을 활용하는 수업에 도전할 수 있고 예술성과 창의성을 마음껏 발휘할 수 있는 장을 만들 수 있습니다.

세 번째는 '메타버스 내에서 새로운 창조를 촉진하는 역량'입니다. 공간의 융합은 교육 경험의 시공간을 초월하여 새로운 경험과 가치의 탄생을 촉진할 수 있습니다. 전문가들도 결국 중요한 것은 교육의 내용과 교육을 가르치는 예술 교육가임을 강조하며 신기술과의 공존, 다양성 등 새롭게 요구되는 가치의 수용 역량의 중요성을 언급하였습니다. 한양대학교 철학과 교수이자 유네스코(UNESCO) AI 윤리 전문위원인 이상욱 교수는 본 책의 연구에서 다음과 같이 이야기합니다. "물론 아이들이 기성세대보다 디지털 도구를 훨씬 더 능숙하게 사용할 수 있어요. 그래도 아이들은 여전히 부족한 게 많습니다. 예를 들어 세계 전체를 보는 시각이라든가 예술과 나의 관계를 고민해본 경험은 없는 것이죠. 실제로 그런 질문이 나오면 익숙하지 않아서 막막해지거든요. 결국 문화예술교육만의 독자성, 기술 교육이나 학교 교육이 채워주지 못하는 독자성을 가지려면 문화예술의 맥락에서 자신을 더욱 메타적으로 성찰해볼 기회를 제공해주는 것이 필요합니다." 예술 교육가는 메타버스라는 기술에 압도되거나 단순한 기술적 성취에 만족하는 것이 아니라, 예술을 통해 개개인이 가진 창의성과 성찰을 촉진하는 매개자라고 할 수 있습니다. 결국, 디지털과 기술을 활용한 교육에서 중요한 것은 학습의 매체나 대상만이 아닌 '학습의 자기화 및 사회화'로 과정적 방식과 태도를 포함한다는 것을 기억해야 합니다.[39]

---

39) 임미혜(2018). "디지털 시대 예술 교육의 미션, 휴머니티의 기술①"(museumnews.kr/220column2/).

지금까지 문화예술교육에서 예술 강사는 학교 예술 강사 파견 사업과 함께 성장하며 예술학적 측면보다 선행 연구가 압도적으로 많은 교육학 기반 연구를 통해 예술 강사의 개념 및 역할을 만들어온 측면이 있습니다. 그러나 최근 문화예술교육은 예술적 가치뿐만 아니라 사회적 영향과 효과로서 그 중요성이 인식되고 있으며, 예술 교육가는 파견 예술 강사를 넘어 '사회적 예술(Social Arts)로서의 문화예술교육'을 수행하는 사회적 예술가의 가치를 부여받는 추세입니다.[40] 그러므로 메타버스 문화예술교육은 메타버스가 일상 속에서 상용화되는 속도에 따라 메타버스 생태계의 한 부분으로 작용하고, 교수자와 학습자는 그 경계와 역할이 변화하면서 소통과 매개, 생산 중심의 '창조적 이용자'로 상호 협력하게 될 것을 예측할 수 있습니다. 즉, 지식과 능력의 이전이라는 교육적 관점을 적용한다면, 메타버스 기술 교육에서는 활용 능력이 높은 아이들이 또래 교육이나 어른들을 대상으로 하는 교육의 교수자가 될 가능성도 있으며, 장기적으로는 이 또한 열린 관점으로 바라볼 필요가 있다는 것입니다.

전문가 의견에 따르면, 지금까지의 교육은 일방적인 전달이었지만 하브루타(토론식 교육)나 회복적 생활교육, 서클 등을 통해 이미 누군가가 가르치고 누군가는 배우는 경계가 조금씩 허물어지는 과정에 있기에 메타버스는 그런 가능성이 더 열린 공간으로 여겨진다고 합니다. 또한, 신기술에 교사보다 아이들이 먼저 익숙해지는 것은 반복되어온 역사이기에 가르치는 주체가 전문성에 따라 달라질 수도 있을 것입니다. 그렇다고 교육계에서 기존 교사의 역할을 축소하는 것은 위험한 일입니다. 아이들에게 가르칠 것이 기능적인 것만 있는 것은 아니기에 결국 교사의 역할이 변

---

40) 박신의(2020). "코로나19 시기, 문화예술교육을 되묻다-비대면 문화예술교육 패러다임 전환 방향과 과제." 국회교육문화포럼 기조 발제.

화해야 하는데, 지식과 기술을 전수하던 것에서 협력을 추구하고 목표와 지향점을 설정하는 역할, 선장이 되어 아이들을 도와주는 역할로 가는 변화가 필요하다고 지적합니다.

교육계에서 교사의 역할이 이러하다면 예술계에서는 더 창의적이고 진보적인 확장도 가능하지 않을까 합니다. 예를 들어 가족을 대상으로 하는 예술 교육 프로그램 중에는 아이들이 부모님에게 예술적 내용을 알려주거나 협력을 이끄는 활동들이 있습니다. 또 문화도시 프로젝트의 일환으로 20대들이 어르신들을 모시고 키오스크나 무인카페 이용 등 디지털 도시 투어를 하는 활동도 인상 깊게 본 적이 있습니다. 이처럼 메타버스 문화예술교육에서는 플랫폼을 잘 활용하는 아이들이 일부 내용에 한해 또래 교육이나 어른 교육을 담당하고, 예술적·창의적·사유적 교육은 예술 교육가가 담당하여 협업하는 방식 등을 활용해본다면 세대 간 소통과 함께 아이들의 주도성과 협업 능력, 상호작용 역량 등이 함께 강화될 수 있을 것입니다.

메타버스 문화예술교육에서 창조적 이용자로 가는 데까지는 기술과 매체의 상용화와 함께 기존 학습자와 교수자의 많은 논의와 도전, 실험이 필요합니다. 이를 위해 현재의 초기 단계에서는 예술 교육가들이 메타버스에 느끼는 부담을 완화하고 도전과 실험을 지원하기 위한 환경 조성이 우선되어야 합니다. 2021년 랜드연구소에 따르면, 많은 교육자가 '올바른 교훈적 사용에 필요한 자원과 장비' 없이 새로운 기술을 채택하고 사용하는 것을 강요받는다고 합니다. 교육자들은 온라인 수업을 위해 일주일에 20시간 이상을 소비하였고, 무엇보다 직장과 일상생활 사이 경계가 모호

해져 지속 불가능한 '항상 켜진' 사고방식을 경험한다고 조사되었습니다.[41] 미국의
공교육 재창조 센터(Center for Reinventing Public Education, CRPE) 보고서에서도
새로운 가상 형식에 맞는 교육 계획(수업 만들기, 학생들의 온라인 액세스 보장 등)
을 위해 실제 수업 시간보다 더 많은 시간을 할애하고 있는 것으로 나타났습니다.[42]
이러한 연구 결과는 메타버스를 활용한 문화예술교육의 발전을 도모할 때 초기부
터 기술 역량 교육과 같은 직접적인 지원뿐만 아니라 정서적 지원과 교육과정을 돕
는 예산 등 전반적 환경의 조성과 지원이 포괄적으로 고려되어야 함을 알려줍니다.

나. 메타버스 문화예술교육 내용

메타버스 문화예술교육의 구성 요소 중 두 번째로 살펴볼 것은 '문화예술교육 내
용'입니다. 메타버스 문화예술교육 내용은 메타버스 기술 영역, 메타버스 콘텍스트
(Context) 영역, 메타버스 창조적 이용자(Creative User) 영역으로 구분하여 살펴볼
수 있습니다. 이는 미디어 및 커뮤니케이션 교육의 목표 차원과 내용 차원을 바탕으
로 하되,[43] '창조적 이용자(Creative User)' 영역에 한해서는 라스웰의 'S-M-C-R-E'
모형의 송신자와 수신자, 교육적으로 대상자와 학습자, 문화예술적으로는 창작자
와 예술가를 범주로 함께 사용합니다.

---

41) Steiner, Elizabeth D., Ashley Woo.(2021). "Job-Related Stress Threatens the Teacher Supply: Key Findings from the 2021 State of the U.S." Teacher Survey. Santa Monica, CA: RAND Corporation(https://www.rand.org/pubs/research_reports/RRA1108-1.html.).
42) Julia Kaufman, Melissa Diliberti.(2021). "Teachers are not all right: How the COVID-19 pandemic is taking a toll on the nation's teachers." The Evidence Project at CRPE(Center for Reinventing Public Education).
43) 김양은(2007). "미디어 교육 교육과정 모델 구성에 관한 연구". 『한국언론정보학보』. 통권 37호.

[표 3-2-5] 메타버스 문화예술교육 내용 설계

구분		기술 영역	콘텍스트 영역	창조적 이용자 영역

정의		– 메타버스 관련 지식
		– 메타버스의
		  활용 능력
		– 메타버스와
		  사회관계
			– 메타버스 문화예술 감상
			– 메시지 이해와 분석 능력
			– 메시지에 내재된 가치 평가
				– 메타버스 활용 능력 촉진
				– 메타버스 내 창작·제작
				– 기술적 상상력 발현

세부
내용
	지식	– 메타버스기술이해
		– 메타버스 플랫폼별
		  특징 이해
			– 메타버스 언어의 이해
			– 코드·기호의 이해
			– 플랫폼별 언어 특징
			– 다양한 기호와 문화로 메타버스
			  능력 습득
				– 메타버스와 이용자 간 상호작용
				– 예술적 창의 주체로서 개인을
				  이해

	감상	– 다양한 플랫폼 체험
		– 다양한 장비 체험
			– 플랫폼·유형·형태 등 다양한
			  메타버스 환경의 메시지 전달
			  방식과 변형을 경험·체험
				– 메타버스를 통한 감정과 의미
				  표현 방식을 습득
				– 메타버스 플랫폼 차이와 선택
				  기준을 이해
				– 플랫폼 및 콘텐츠별 선택·이용에
				  대한 평가

	분석	– 메타버스 기술의
		  활용·응용 분석
			메타버스 내 메시지에 대해
			– 해석하는 능력 함양
			– 내재된 다양한 가치를 평가하고
			  수용하는 태도
			– 가치 표상에 대한 이해:
			  사회적·문화적 가치 분석
				– 메타버스의 미적 사유
				– 기존 콘텐츠 및 표상의 해체 과정
				  경험
				– 새로운 예술체험 공간으로서
				  메타버스 분석

	생산	– 산업과 기술에
		  영향을 미치는
		  제도/법/생산 구조에
		  대한 이해증진
		– 메타버스 기술 보완
		– 메타버스 활용
		  기술의 공유
		– 사용자 유입
		  확대
			– 메타버스가 가지는 윤리적,
			  사회적, 문화 예술적 이슈 발굴
			  및 공유
			– 메타버스 문화예술, 메타
			  버스 교육적 비평과 대안
			  생산
				– 창의적 메타버스 의미전달
				  활동(다양한 형태의
				  커뮤니케이션 방식 습득)
				– 상호작용적 매체의
				  이용(플랫폼의 선택과 이용
				  능력의 향상)
				– 메타버스 콘텐츠 창작(개별사유,
				  표현, 공유로 확장)
				– 크리에이터 경제 순환

자료: 김양은(2007). "미디어 교육 교육과정 모델 구성에 관한 연구." 『한국언론정보학보』. 통권 37호 中 <표 9, 10> 미디어
　　　교육내용 설계 재구성.

메타버스 문화예술교육 내용은 메타버스 기술 영역, 메타버스 콘텍스트(Context) 영역, 메타버스 창조적 이용자(Creative User) 영역의 발전 단계에서 상호적으로 많은 영향을 주고받게 됩니다. 이 3가지 교육 내용의 관계와 환경이 어떻게 설정되고 변화하느냐에 따라 교육 방식과 목표는 유연하게 바뀔 수 있습니다. 또 변인으로 어떠한 기관·장소에서 어떠한 연령이나 특정 대상을 중심으로 하는지, 어떠한 목표를 갖고 교육이 진행되는지, 더 나아가 어떠한 메타버스 인프라가 구축되어 있고 어떠한 교육환경인지, 이용자의 메타버스 예술 교육 인식과 요구·기술 활용 능력에 따라서도 메타버스 문화예술교육은 무한히 다양하게 구성됩니다. 메타버스 문화예술교육 내용은 메타버스 특성에 따라 기술, 콘텍스트, 창조적 이용자 영역을 동시에 포용할 수밖에 없으며, 메타버스의 상용화·메타버스 문화예술교육의 다양한 개발·성장에 따라 [그림 3-2-5]와 같이 중점 내용의 변화를 예측할 수 있습니다.

[그림 3-2-5] 문화예술 측면에서 보는 메타버스 문화예술교육 범주 변화

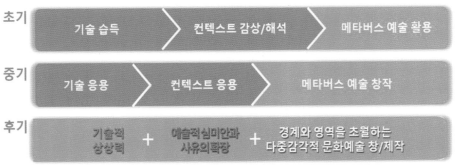

먼저, 초기에는 메타버스가 무엇인지부터 메타버스 플랫폼과 기술 사용 방법, 윤리와 예절 그리고 메타버스를 활용한 예술 활동까지 포괄적 내용이 구성됩니다. 특히 메타버스는 게임과 혼동해 이해하거나 일부 플랫폼에서 게임 환경으로 활용되

고 있어 예술 교육 내에서 윤리와 예절 교육이 필수적으로 병행될 수 있습니다. 일반적으로 이해도와 활용도가 낮은 분야나 초기 단계의 기술적 영역을 문화예술교육에서 병행할 때에는 기술 습득 자체가 예술 교육의 프로그램이 되기도 합니다. 스마트폰을 활용한 사진·영상 교육에서 어르신들을 대상으로 스마트폰 사용법과 관련 앱 사용법을 위주로 교육할 때, 어린이를 대상으로 하는 사진 수업에서 DSLR 카메라 구조와 작동 방법을 위주로 교육하는 때를 예로 들 수 있습니다. 미술·음악·연극 등 장르적 예술 교육 활동은 메타버스를 일부 활용하거나 체험하는 것과 같이 기초적인 수준과 과정, 결과물에 그칠 수 있지만, 저변 확대를 위해서는 반드시 거쳐야 하는 단계라고 할 수 있습니다.

다음으로 중기에는 예술 교육가들이 메타버스 플랫폼과 기술을 중급 이상으로 활용할 때 이를 응용하는 기술 교육이 가능하며, 메타버스를 비평하거나 주제 대상으로 삼아 예술 교육을 펼칠 수 있습니다. 기술 활용 능력 정도에 따라 예술 활동을 위한 도구 활용이 자유로워지고 보다 창의적인 예술 교육이 가능해집니다. 초기와 중기에서 메타버스 문화예술교육 활동은 그 과정에서 인식, 감정, 감각, 효과, 소통, 기술적 오류, 비용, 교수자와 학습자 각각의 어려움 등 최대한 많은 정보를 데이터로 축적하고 공유할 필요가 있습니다. 프로토타입이라 할 수 있는 초·중기 데이터를 얼마만큼 연구하고 보완하여 공유하느냐에 따라 새로 진입하는 예술 교육가들의 시간 낭비를 줄이고 예술 교육 자체에 더욱 집중할 수 있는 시스템으로 발전 가능합니다.

후기는 메타버스가 현재의 스마트폰처럼 상용화된 상황에서 가능한 메타버스 문화예술교육 내용입니다. 메타버스 기술 몰입을 통해 기술적 상상력은 물론 심미안과 사유를 확장하는 시도를 담을 수 있게 됩니다. 이로써 개개인의 상상력과 사유가

[그림 3-2-6] 메타버스 문화예술교육 내용 범주 및 관여도에 따른 특성

메타버스와 함께 경계와 영역을 초월하는 다중 감각적 문화예술의 창작으로 확장되는 경험을 기대해볼 수 있습니다. 그리고 이것은 궁극적으로 메타버스 문화예술교육 내용이 가야하는 방향이기도 합니다.

앞서 살펴본 메타버스 문화예술교육의 3가지 접근 방식(산업적·기술적, 보호주의적, 문화적·환경적 관점)과 3가지 메타버스 문화예술교육 내용 영역(기술적 영역, 콘텍스트 영역, 창조적 이용자 영역)은 현재 다양한 부처에서 진행 중인 메타버스 교육과 상당 부분 교집합을 이루고 있습니다. [그림3-2-6]을 살펴보면 메타버스 교육에서 기술적 내용 교육이 가장 활발히 이뤄지고 있음을 알게 됩니다. 상대적으로 메타버스 자체를 산업기술이 끌어가고 있다는 점에서 가장 많은 교육이 자연발생 할 수밖에 없습니다. 산업적·기술적 교육은 창업과 취업, 산업 육성 및 경제 활성화 등

기업과 정부가 합의할 수밖에 없는 강력한 목적과 동인을 갖고 있으므로 계속 기하급수적으로 늘어날 것을 예측할 수 있습니다.

이어서 콘텍스트 교육은 메타버스가 로블록스와 같은 게임에서 상용화되었다는 인식으로 인해 예방과 관리 차원에서 보호주의적 관점이 뒤따른 것으로 분석됩니다. 그러나 이미 교육학 차원에서 미디어 리터러시·디지털 리터러시에 관한 오랜 연구와 교육 경험의 데이터 기반을 갖추고 있어, 메타버스의 콘텍스트 교육은 학교와 평생교육 등 공공교육 전반에서 빠르게 확산할 것으로 예측할 수 있습니다. 메타버스 문화예술교육이 눈여겨봐야 할 내용적 측면은 바로 창조적 이용자 영역입니다. 산업적·기술적 교육이나 콘텍스트 교육에 비해 창조적 이용자로서 보는 메타버스 교육은 메타버스 개념 자체가 생소하고 기술 영역에 치우쳐 있어 관련 교육이나 연구가 매우 미비한 상황입니다. 그러므로 메타버스 문화예술교육은 앞서 살펴본 메타버스 문화예술교육 내용의 변화에서 확인한 것처럼 궁극적으로 문화적·환경적 관점의 접근을 통한 창조적 이용자 교육 내용에 집중해야 함을 이해할 수 있습니다.

메타버스 기술이나 메타버스 범죄, 윤리에 예술 교육 관계자들이 지나치게 집중하면 문화예술이 가지는 창의적·미적·사유적·확장적 영역의 강점을 스스로 놓칠 가능성이 높습니다. 그림에서 보듯이 타 부처 및 타 영역의 전문가들이 이미 관련된 기술과 AI 윤리 교육 등을 마련하여 활발히 진행하고 있음을 파악하고 이를 존중하는 태도에서 출발할 필요가 있습니다. 즉, 타 부처 및 타 전문가들과 꾸준한 논의 및 협력을 통해 궁극적으로 문화예술 측면의 메타버스 문화예술교육 내용 및 방향을 설정해야 합니다.

[그림 3-2-7] 메타버스 문화예술교육의 개념 정의 방향

메타버스 문화예술교육은 궁극적으로 균형적·창의적·포괄적 시선에서 개념 접근을 지향해야 합니다. 예술성만을 중심에 둔 내재적 목적으로 메타버스 문화예술교육을 정의하게 되면 현실적 필요와 사회현상에서 유리될 수 있으며, 단순 기술 학습이나 취업·직업 체험 등 외재적 목적에 따르면 인간과 예술이 수단화하거나 내적 성숙보다는 외적 유용성을, 개인보다는 사회를 더 중요하게 여기는 위험성을 띨 수 있습니다.[44] 다만, 메타버스 자체가 수많은 영역에 의해 영향을 받는 생태계이므로 단기적·단일적 측면에서 성급하게 규정하는 것은 오류를 초래할 수 있어 주의가 필요합니다. 무엇보다 현재 문화예술 및 교육계에서 메타버스 문화예술교육은 경험 자체가 부족한 초기 형태이므로 기술 활용 교육과 창의예술 교육이 동시에 이뤄질 수밖에 없음을 이해할 필요가 있습니다.

메타버스 문화예술교육 내용에서 고려해야 하는 창의적이고 전문적인 방향을 살펴보겠습니다. 메타버스 문화예술교육은 문화예술교육 용어 자체가 내포하는 창의성과 심미성, 예술성 등의 본질적 목표와 방향을 동일하게 갖고 있습니다. 그러나 메

---

44) 이돈희(1983). 『교육철학개론』. 교육과학사.

타버스 문화예술교육 내용에서 주목해야 하는 변화는 기술 발전과 플랫폼 특성에 따라 문화예술 영역에서 기술이 더욱 쉽고 빠르게 할 수 있는 것이 구분되고 대체된다는 것입니다. 예를 들자면, 허밍만으로 악보가 그려지는 애플리케이션이나 동그라미를 대충 그려도 선택에 따라 다양한 원형으로 그려지는 태블릿 스케치북 등이 이미 무료로 상용화되어 있습니다. 더 진보된 메타버스에서는 전통적 예술 교육에서 창의성이라고 여겼던 것들이 해체될 수 있으며, 오히려 무엇이 예술성이고 무엇이 창의성인지 더욱 적나라하게 드러날 수도 있습니다. 즉, 오선지에 음표를 그리게 하는 음악 교육과 허밍으로 애플리케이션에 노래를 만드는 음악 교육 중 무엇이 더 예술성 중심인가, 튀어 나가지 않게 바른 동그라미와 명암을 그리는 미술 교육과 디지털이 그린 동그라미로 무언가를 창작하게 하는 미술 교육 중 무엇이 더 창의성 중심인가 하는 질문과 같은 것입니다. 과거에는 손으로 글씨를 잘 쓰는 것이 중요했지만 지금은 손으로 글을 쓰는 사람을 거의 찾아볼 수 없습니다. 이때 문학에서는 과연 변화가 있었는지, 무엇에 더 집중하게 되었는지를 돌아봐야 합니다.

또한 메타버스 문화예술교육에서는 다양한 도구와 소프트웨어의 새로움뿐만 아니라, 가상공간 내에서 동시적 공유와 크리에이터 경제까지 한순간에 연동될 수 있다는 것까지 교육 내용의 주요 사항으로 고려해야 합니다. 예를 들어 미술 수업에서 디지털 도구로 그린 그림이 수업 시간 중 바로 가상 전시 공간에 전시될 수도 있고, 나아가 동 시간에 NFT를 통해 그림이 판매되는 경험까지 할 수 있는 것이 메타버스 생태계입니다. 그러므로 메타버스 문화예술교육에서는 예술가처럼 사유하고 창의하고 표현하는 능력부터 예술의 직접적 활용과 전시·공연·커뮤니티 등을 통한 공개와 공유(저작권이 바로 형성) 그리고 음원·그림·영상 등 작품 파일 유통에 이르기까지, 전 과정을 문화예술교육 내용으로 두는 융합적 차원에서 책임감 있는 교육 구성이 요구될 수밖에 없습니다. 즉, 메타버스라는 자체에 압도당하기보다 타 부처와 전문가, 기업과 학교가 기술과 윤리 등 다양한 교육을 담당하고 있다는 신뢰와 협력을 바탕으로, 메타버스를 문화로 여기는 세대와 소통하며 예술 교육가만이 메타버스에서 다룰 수 있는 교육 내용의 전문성과 가치를 개발할 필요가 있습니다.

"지금 세대를 지배하는 것은 기존 세계관과는 다른 익숙한 기술, 다른 익숙한 가치들이 될 거예요. 그러니까 이다음 세대들의 가치관이 무엇인지, 이 친구들이 소중하게 생각하는 게 무엇인지, 이 친구들이 삶에서 의미 있다고 생각하는 게 무엇인지 이런 것을 인문학적·사회과학적으로 잘 연구하고, 예술 교육이 그것에 발맞춰서 함께 방향 전환을 해야겠지요. 전통적 예술 방식을 완전히 다 포기하라는 게 아닙니다. 새로운 세대의 욕구나 기대, 전망을 반영하는 방식으로 예술 교육의 형태와 방식, 내용을 빨리 바꾸지 않으면 결국 예술은 그 세대와 만나지 못하고 다른 것에 자리를 내줄 수도 있으니까요."
_ 이상욱 교수(한양대학교 철학과 교수, 유네스코 AI 윤리 전문위원)

"가상환경에서도 충분히 문화예술교육이 가능하다고 느낀 게 저희가 생각하는 시공간 감각과 아이들 감각은 완전히 다르더라고요. 초등학교 아이들임에도 불구하고 2시간, 3시간씩 컴퓨터 앞에 앉아서 다른 아이들 지도해주는 것을 기다리고, 자기 순서에 충실하고, 공간감을 쓴다거나 하는 이런 감각들이 완전히 다르다는 것을 메타버스 문화예술교육을 하면서 크게 느꼈어요."
_ 강주희 차장(안양문화예술재단)

"지금 학생들을 알파 세대라고 하는데 이 학생들에게는 학습 공간과 형태의 정의가 바뀌었을 거예요. 지금 약 3년째 집에서 온라인으로 학습하면서 물리적 공간에 국한하던 학습 공간의 정의가 바뀌었고, 학습 형태 또한 온라인에서 하는 것이라고 바뀌었다는 거죠. 학습이란 그 형태라고 말입니다."
_ 한선관 교수(경인교대 컴퓨터공학과 교수, 한국인공지능교육학회장)

다. 메타버스 문화예술교육에서 '문화예술교육 기관'

메타버스 문화예술교육의 세 번째 구성 요소는 '문화예술교육 기관'입니다. 이는 단순한 시설이나 환경을 의미하는 것이 아니라, 메타버스 생태계의 일부로서 문화 예술교육 공공서비스를 제공하는 총체적 개념을 의미합니다. 웨일스 예술 디지털 혁신 기금(Digital Innovation Fund for the Arts in Wales)의 2017년 보고서에서는 다음 몇 가지 이유로 예술 및 예술 교육과 함께 예술 단체(기관)의 기술적 접목이 유용하다고 분석합니다.[45]

지원 도구로서 쓰임: 기술은 예술 교육가나 예술 단체가 더욱 단순하고 신속하게 무언가를 수행하게 돕고, 이전에는 불가능했던 것을 보다 지속 가능한 방식으로 작업을 수행할 수 있게 지원.

예술적 동인(動因)으로서 쓰임: 기술은 전통적인 예술 작업 방식을 완전히 대체하거나 예술 교육가가 대상자의 행동과 기대를 유도하고 대응할 수 있는 방식으로 변화시킬 수 있음. 문화예술 기관과 단체의 기술 수용과 변화는 청중·방문객·예술 교육 참여자와 이해관계자의 기대를 바꾸고 있으며 이 같은 변화는 예술 단체와 기관에 디지털 기술을 수용하게 하는 기본적 맥락을 제공.

기타 다음과 같은 기술 환경적 변화의 반영을 통한 지속 가능성 확보.
· 유비쿼터스 광대역의 증가(Increasingly Ubiquitous Broadband)

---

4 5) Digital Innovation Fund for the Arts in Wales(2017). "'The Adoption of Digital Technology in the Arts' Golant Media Ventures."(https://bit.ly/3pSZW).

- 스마트폰과 애플리케이션(Smartphones and Apps)
- 클라우드 컴퓨터(Cloud Computing)
- 비디오와 오디오를 넘나드는 스트리밍 기술(Streaming of Both Video and Audio)
- AR·VR, 웨어러블을 포함한 신기술 제공(New and Emerging Technologies Including AR·VR and Wearables)
- 공유경제 및 관련한 새로운 비즈니스 모델의 등장('Sharing Economy' and Related New Business Models) 등

즉, 기술의 혁신적 적용이 이미 창조 산업과 자선·복지사업 그 이상으로 폭넓게 활용되고 있기에 문화예술 분야 전반의 기술을 배타적으로 여기면 많은 기회를 놓치는 것으로 분석하고 있는 것입니다. 기술은 장기적으로 예술가와 예술 교육가뿐만 아니라 예술 단체와 기관 등 조직의 지속 가능성을 확보해주고 목표와 사명을 더 효과적으로 달성할 방법을 제공해줄 수 있습니다. 또한, 예술 단체(기관)들은 기술을 효과적으로 활용할 수 있는 역량을 이미 갖고 있다는 것을 전제해야 합니다.

메타버스 문화예술교육은 생태계 시스템을 기반으로 하고 있으므로, 단순한 예술교육 프로그램과 예술 교육가에 대한 기술 적용뿐만 아니라 다양한 문화예술교육 기관까지 생태계로 반영될 때 공공가치 실현이 더욱 효과적으로 이뤄질 수 있습니다.

미래 예술 생태계: 아트×메타버스(Future Art Ecosystems: Art×Metaverse, FAE2) 연구에서는 영국 문화예술 분야에서 디지털 환경 전환은 기관이 늘 해왔던 일(공공

[그림 3-2-8] 공공가치 실현을 위한 메타버스 문화예술교육 기관 모형

자료: Victoria Ivanova, Kay Watson(2021.7.). "Future Art Ecosystems: Art x Metaverse(FAE2)".
『Serpentine Arts Technologies』.

예술서비스 가치 전달과 실현)을 더욱 잘할 수 있게 구현하는 데 초점이 맞춰져 왔음을 강조합니다.[46] 문화예술교육 기관에서 물리적 환경으로 설계된 교육·전시·공연이라 할지라도 디지털은 결국 온라인 방문자들이 프로그램 정보를 인식하고 좋아하고 공유하게 함으로써 더 많은 사람에게 공공가치를 제공하는 것과 같은 효과를 얻게 합니다. 즉, 디지털 및 메타버스 환경으로 전환하는 것은 예술 교육이 (특히 비대면 시대에) 더욱더 많은 대상자에게 예술을 알리고 도달하게 하는 역할로서도 의미가 있는 것입니다.

---

46) Victoria Ivanova, Kay Watson(2021.7.). "Future Art Ecosystems: Art × Metaverse(FAE2)". 『Serpentine Arts Technologies』.

또한, 새로운 사용자 그룹의 개발·참여 유도 및 예술적 생산 과정에도 통합의 기능을 제공할 수 있음을 강조합니다. 예술에 관심 있는 사람들뿐만 아니라 문화 전문가, 다른 유형의 투자자(세금을 내는 시민에서 기업 후원자와 수집가까지), 특정 이해관계자, 내부 직원 모두를 공공가치 실현의 가치 집단으로 참여하게 할 수 있습니다. 궁극적으로 메타버스 인프라 개발은 문화예술 기관이 생산하는 다양한 가치와 경험, 자원들을 다른 공간과 차원으로 쉽게 확장, 이전해줄 수 있는 것입니다. 예를 들어 지역 문화재단 메타버스 문화예술교육에서 나온 결과물 파일을 문화재단 홈페이지에만 아카이빙할 때보다, 메타버스 환경에 전시·공유하여 전 세계에서 누구나 문화예술교육을 신청·참여할 수 있게 하고 생산된 결과물을 판매하는 구조를 만들 때, 예술 교육가의 자생 및 개발된 콘텐츠와 예술 단체, 기반시설의 지속 가능성을 높일 수 있습니다.

"2020년 4월 국가 성장 동력으로 메타버스라는 키워드가 처음 등장했습니다. 그리고 디지털 뉴딜 2.0이 발표되면서 초연결 신산업 육성으로 메타버스와 관련해서 2025년까지 2.6조 원이 편성되었어요.

포스트 미래 산업으로서 메타버스를 어떻게 성장시킬지에 대한 것인데, 정부가 직접 플랫폼이 되겠다는 것이 아니라 정책과 합리적 규제, 재원 지원 등을 통해 어떻게 하면 기업들이 기술을 잘 만들게 할 것인가를 다루고 있습니다. 많은 분야 가운데 전통문화, 예술, 게임, 애니메이션 등 문화예술 분야가 아주 많아요. 많은 사람이 크리에이터 경제를 할 수 있게 도움을 줄 방향을 세운 것이죠.

그래서 머지않아 우리는 매우 다양하고 수많은 현상에서 지능화된 도구를 만나게 되고, 과거에 전문가들이 했던 많은 것을 우리 스스로 할 수 있게 될 것입니다. 엄청나게 많은 콘텐츠가 메타버스에서 만들어질 거예요. 이것이 특히나 문화예술 분야가 가장 주목받는 분야인 이유거든요. 인간이 창작하는 분야이고 크리에이팅을 할 수 있는 게 가장 많은 분야이기 때문에 반드시 주목해야 할 분야라는 생각이 들고, 그런 점에서 메타버스로 전환하는 것과 또 그 성장을 준비해야 합니다.

메타버스 안에서 만들어질 제품(콘텐츠)들, 저는 이것을 이제 메이드인 메타버스(Made in Metaverse)라고 하는데, 표현상으로는 매우 많은 것들이 만들어질 것이고 문화 분야의 가치는 더욱 큽니다. 그러나 이뿐만 아니라 문화예술 기업과 기관들도 일하는 방식의 변화를 어떻게 바꿀 것인지 그리고 앞으로 문화예술과 관련된 공공서비스를 메타버스로 어떻게 전환할 것인지 그 방식 등에 관한 전반적인 고민이 함께 필요할 것입니다."

_ 이승환 박사(한국소프트웨어정책연구소 실장)
  2020 경기문화재단 '메타버스와 함께 가는 문화예술 연구' 세미나 발제 중

3. 메타버스 문화예술교육의 장애 요인

가. 접근과 경험의 불평등

메타버스 문화예술교육이 효과적으로 확장되기 위해서는 다양한 걸림돌을 함께 살펴보아야 합니다. 우선 가장 큰 걸림돌 중 하나는 메타버스가 디지털 기기와 통신 속도 등 기술을 기반으로 하고 있어 접근과 경험의 불평등이 커질 수 있다는 점입니다. 우리나라는 과학기술정보통신부에서 매년 '디지털 정보격차 실태 조사'를 발표하고 있습니다.[47] 2020년 조사 결과를 살펴보면 디지털 정보화 접근 수준은 93.7%, 디지털 정보화 활용 74.8%, 디지털 정보화 역량 60.3% 순이고, 수준 상승 폭은 활용

---

47) 과학기술정보통신부(2020). "2020년 디지털 정보격차 실태 조사".

(6.0%P↑), 접근(2.0%P↑) 순으로 매년 조금씩 높아지는 것으로 나타났습니다.[48] 또 정보 취약계층(장애인·저소득층·농어민·고령층)의 디지털 정보화 수준은 2020년 기준 72.9%로 그 가운데 가장 역량이 낮은 계층은 고령층인 것으로 나타났으나 다행히 매년 조금씩 높아지는 것을 알 수 있습니다.

[표 3-2-6] 부문별 디지털 정보화 수준

구분	2017년	2018년	2019년	2020년
디지털 접근	91.0	91.1	91.7	93.7
디지털 역량	51.9	59.1	60.2	60.3
디지털 활용	65.3	67.7	68.8	74.8
종합	65.1	68.9	69.9	72.7

자료: 과학기술정보통신부(2020). "2020년 디지털 정보격차 실태 조사".

그러나 온라인과 가상세계 환경은 국경을 초월하기 때문에 세계를 넘나드는 바이러스나 백신의 영향력처럼 국내외 상황을 함께 고려해야 합니다. 국제연합무역개발협의회(UNCTAD)가 발표한 '디지털 경제 보고서 2021'에서는 글로벌 디지털 경제 시장이 활성화되고 있지만 선진국과 최빈국의 디지털 불평등은 점차 심해지고 있다고 분석하였습니다. 최빈국 인구의 약 20%만이 인터넷을 사용하고 있으며, 이 경우에도 느린 다운로드 속도에 비해 높은 가격을 내야 할 뿐만 아니라 평균 모바일 광대역 속도 또한 선진국의 3분지 1 수준에 불과하였습니다. 25세 이하 아동·청소

---

48) 디지털 정보화 접근 수준은 '유무선 정보기기 보유 여부'와 '인터넷 상시 접속 가능 여부'로 측정하며, 디지털 정보화 역량 수준은 'PC 이용 능력'과 '모바일기기 이용 능력'으로 측정한다. 디지털 정보화 활용 수준은 '유선 및 모바일 인터넷 이용 여부', '인터넷 서비스 이용 다양성', '인터넷 심화 활용 정도'로 측정함.

[그림 3-2-9] 개발 수준별 광대역 인터넷 연결 속도(단위: 초당 메가바이트)

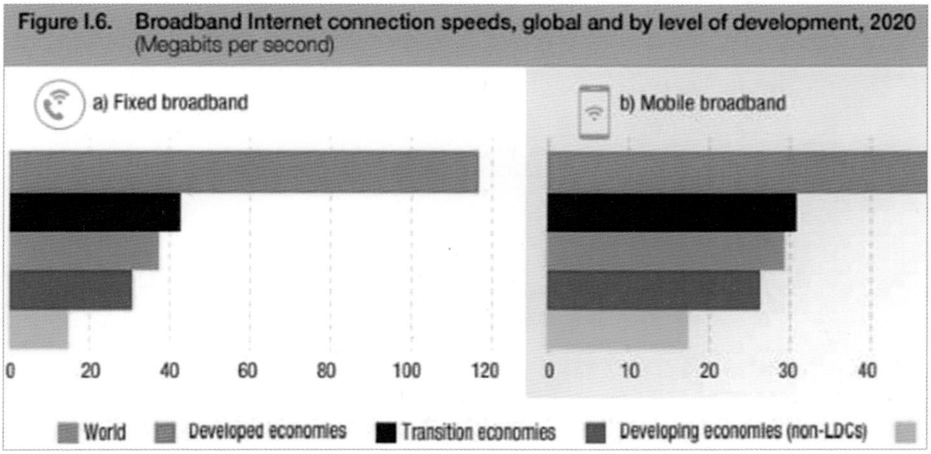
Figure I.6. Broadband Internet connection speeds, global and by level of development, 2020
(Megabits per second)
a) Fixed broadband
b) Mobile broadband
0 20 40 60 80 100 120
0 10 20 30 40
World
Developed economies
Transition economies
Developing economies (non-LDCs)

자료: 국제연합무역개발협의회(2021). '디지털 경제 보고서 2021'.

년의 3분지 2인 22억 명의 아이들은 집에서 인터넷에 접근할 수 없는 상황이고, 고소득 국가의 인터넷 접속률은 87%이지만 서아프리카와 중앙아프리카의 아동·청소년 중에서는 5%만이 가능합니다.[49]

특히 우려하는 점은 생활의 취약성이 디지털 접근의 취약성과 비례한다는 것입니다. 저개발 국가에서는 온라인 교육으로 원하는 결과를 얻기 힘들 뿐만 아니라, 파키스탄과 같은 국가에서는 코로나19로 인한 온라인 교육을 진행하며 교육에 기술적인 것이 중요하지 않다는 결과를 내놓기도 하였습니다.[50] 오히려 아이들과 교사

49) UNICEF, the International Telecommunication Union(ITU)(2020). "How Many Children and Youth Have Internet Access at Home?"
50) M Adnan, K Anwar(2020). "Online Learning amid the COVID-19 Pandemic: Students' Perspectives". 『Journal of Pedagogical Sociology and Psychology』. v2. n1. pp.45-51.

간 상호작용에 집중하는 스캐폴딩(Scaffolding)을 통해(Douglas, 2019[51]; Dabbagh, 2003[52]; Kent, 2015[53]) 교사는 학생들과 개별적인 관계에 집중하고, 기술적·기능적 접근에서는 모든 학생을 동일하게 여기지 않아야 한다는 점을 강조하기도 하였습니다.[54] [55]

뉴욕타임스는 디지털 사회가 심화하면서 기술의 접근성 차이가 아니라 기술 접근을 어떻게 차단하는가에 따라 새로운 '디지털 빈부격차'가 발생한다고 보도하였습니다.[56] 이 보도에 따르면, 디지털 기기가 일상이 된 미국 실리콘밸리에서 부모의 사회적 지위·소득·인종에 따른 '새로운 디지털 빈부격차'가 생겨났는데, 이는 기기의 물리적 사용이 아닌 디지털 기기를 활용할 수 있는 심리적·인지적·감성적 역량에 관계된다는 것입니다.

이 같은 격차는 정책적 지원을 통해 다소 보완할 수 있지만, 시간과 예산의 한계를 고려할 수밖에 없습니다. 골드만삭스의 보고서에서는 미국의 교육용 소프트웨어

---

51) Douglas, Sara(2019). "A Look Inside the Black Box: Understanding Communicative Exchanges in Online Learning Environments". Dissertations. 29.

52) Dabbagh, N.(2003). "Scaffolding: An Important Teacher Competency in Online Learning". 『TechTrends』. 47(2): pp.39–44.

53) Wang, S.K., H.Y. Hsu, T. Campbell, D.C. Coster & M. Longhurst(2014). "An Investigation of Middle School Science Teachers and Students Use of Technology inside and outside of Classrooms: Considering whether Digital Natives are More Technology Savvy than Their Teachers". 『Educational Technology Research and Development』. 62(6): pp.637–662.

54) Janet Scull, Michael Phillips(2020). "Innovations in Teacher Education at the Time of COVID19: an Australian Perspective". 『Journal of Education for Teaching: International Research and Pedagogy』. Volume 46. 2020 Issue:4. pp.497–506.

55) 김태희(2021). "팬데믹과 관계없이 비대면 예술 교육이 필요한 세계 아이들에 대한 고찰(Reaching Arts Education out to the Unreached: A Study on Child in the World Who Need Non-face-to-face Arts Education Regardless of Pandemic)". The 4th UNESCO-UNITWIN Symposium: ARTS EDUCATION IN AND THROUGH A TIME OF CRISIS(2021.5.25.).

56) Nellie Bowles(2018). "The Digital Gap between Rich and Poor Kids". The New-York Times(https://www.nytimes.com/2018/10/26/style/digital-divide-screens-schools.html).

수익이 2020년 3억 달러에서 2025년까지 7억 달러로 증가하기는 하지만, VR·AR을 800만 대 판매하는 데까지는 5년이 걸릴 것으로 보는 등 시간적 상황에 보수적인 가정을 하고 있습니다. 이는 사용자가 소프트웨어와 하드웨어에 익숙해지는 데 충분한 시간이 필요하기 때문입니다. 또한, 미국 K-12 학생을 기준으로 했을 때 교육 현장에서 메타버스 환경이 마련되는 데에는 교육용 소프트웨어 비용만 1인당 연간 50달러가 필요할 것으로 예측되어 교육예산이 과연 어느 정도 지원 가능할지는 담보할 수 없다고 보고 있습니다.[57] 결국 메타버스 문화예술교육은 시장경제 내 상용화에 비례해 확대되는 형태이므로, 접근과 경험에서 소외되는 대상에게는 교육 지원뿐만 아니라 디지털 기기의 지원을 함께 고려할 수밖에 없습니다. 또한 가상세계에서 문화적·경제적 자본 차이에 의한 피해나 영향은 국경을 넘어 우리 아이들에게도 미칠 수 있기에 장기적으로는 국가를 넘어 세계 공동의 과제로서 디지털 불평등 의제를 논의해야 할 것입니다.

나. 신체적·정신적 영향 및 개인정보 피해

다음으로는 메타버스에서 기성세대들이 가장 염려하는 부분으로 신체적·정신적 피해에 관한 것입니다. 가상공간에서 한 경험이 사람의 물리적 환경 속 행동에 직접적 영향을 끼칠 수 있다는 연구 결과가 나오고 있어 이와 관련한 긍정적·부정적 영향을 동시에 고려해야 합니다. 예를 들면, 스탠퍼드대 밀러(M. R. Miller, 2019)가 진행한 연구에서는 메타버스 속 의자에 가상 인물이 앉았다고 하더라도 사람들이 그 의자에 앉는 것을 무의식적으로 피한다는 것을 발견하였습니다.[58] 스탠퍼드대에

57) Goldman Sachs Group, Inc.(2016). "Profiles in Innovation Virtual & Augmenetes Reality: Understanding the race for the next computing platform". Equity Reserch.
58) Miller, M. R., H. Jun, F. Herrera, J. Yu Villa, G. Welch & J. N. Bailenson.(2019). "Social interaction in augmented reality". PLoS ONE 14(5).

서는 또 가상기술을 어떻게 사람들에게 보여주고 적용하느냐에 따라 사람들의 걷기, 고개 돌리기와 같은 동작뿐 아니라 일에서 보이는 능률, 타인과의 소통 방법과 같은 행동 양식이 바뀌는 것을 확인하기도 했습니다.[59]

가상현실과 현실의 혼돈을 다룬 연구들도 있습니다. 가상세계를 빈번하게 접할수록 가상세계를 현실보다 많이 우선시하거나 가상과 현실의 차이를 자각하는 인간의 인식이 저하될 수도 있다는 슬레이터(M. Slater, 2020)의 연구가 그 예입니다.[60] 또 가상환경에서는 아바타가 처한 상황에 따라 현실과 혼동하기도 합니다. 예를 들어 키가 큰 아바타를 구현할 때 키가 작을 때보다 공격적이고 큰 행동을 한다는 것입니다. 이 같은 행동은 현실로 돌아왔을 때도 영향을 미치는데, 긍정적인 경험은 긍정적 현실을 만들기도 하지만 폭력이나 범죄 활동과 관련될 때 더 큰 우려가 생깁니다 (Ananthaswamy, A.).[61] 이러한 우려로 산도르(Sandor) 등은 가상현실의 대상과 실제 물리적 객체를 구별하기 위해 튜링 테스트(Turing Test)[62]와 유사한 증강현실 튜링 테스트(Augmented Reality Turing Test, ARTT)를 제안하기도 하였습니다.[63]

VR·AR·XR 관련 플랫폼 및 애플리케이션 등을 연구하는 더 익스텐디드 마인드

---

59) Stanford University(2019.5.22.). "How augmented reality affects people's behavior". Website ScienceDaily(https://www.sciencedaily.com/releases/2019/05/190522101944.htm).

60) M. Slater(2020.3.3.). "The Ethical and societal implications of augmented reality". Frontier Virtual Real(https://doi.org/10.3389/frvir.2020.00001).

61) Ananthaswamy, A.(2016). "Virtual reality could be an ethical minefield – are we ready?" New Scientist. 4 March.

62) 튜링 테스트(Turing test)란 1950년 앨런 튜링에 의해 개발된 것으로, 인간의 것과 동등하거나 구별할 수 없는 지능적인 행동을 보여주는 기계의 능력에 대한 테스트를 말함.

63) Sandor, C., et al.(2015). "Breaking the barriers to true augmented reality". Nara Institute of Science and Technology(https://arxiv.org/abs/1512.05471).

(The Extended Mind)의 연구 이사인 제시카 아웃로(Jessica Outlaw)는 현실이 조작될 가능성이 있다고 우려하였고, 프라이버시 포럼의 미래(Future of Privacy Forum)의 제러미 그린버그(Jeremy Greenberg)는 물리적 현실과 가상현실이 겹치지만 완전히 수렴되지는 않기 때문에 생길 수 있는 정신 건강과 중독 문제를 지적한 바 있습니다.[64] 이러한 우려는 특히 어린이 안전에서 더욱 커지고 있는데 AR·VR 기술을 가정과 교실 등 일상생활에서 더 많이 사용함에 따라 어린이의 신체적·정서적 건강을 보호하는 안전장치가 필요해졌기 때문입니다. 디지털 기술을 통해 아이들의 문해력 향상 방법을 연구하는 비영리 단체인 조안 간즈 쿠니 센터(Sesame Workshop 'Joan Ganz Cooney Center')의 전무이사 마이클 프리스톤(Michael Preston)은 아이들에게 필요한 보호 장치의 한계를 이야기하면서, 보호 장치가 아이들이 우연히 사용하는 모든 제품이 아니라 아이들을 위해 설계된 일부 제품에만 적용된다는 점을 지적합니다. 아이들이 활용하는 다양한 메타버스 도구에 보호 장치가 필요하다는 것입니다.

개인정보와 관련한 논의도 있습니다. VR과 AR을 사용할 때 사람은 개인의 고유한 움직임 패턴을 보입니다. 즉, 가상세계의 새로운 감각이 개인의 고유성이자 개인의 창조적 산물이 될 수 있는 것인데 이를 악용할 수도 있다는 것이 문제입니다. 생체 인식(머리·몸통·손·눈 등의 미세 움직임)이 추적 데이터로 축적되면 다른 데이터 소스와 결합하여 개인과 개인의 정보까지 역추적할 수 있어 개인정보 악용이 일어날 가능성이 있습니다. 이미 개인이 가지는 행동 패턴을 파악하고 구별하는 다양

---

64) Joseph Jerome, Jeremy Greenberg(2021). "Augmented Reality and Virtual Reality: Privacy and Autonomy Considerations in Emerging", Immersive Digital Worlds(https://fpf.org/wp-content/uploads/2021/04/FPF-ARVR-Report-4.16.21-Digital.pdf).

한 연구들이 진행되었습니다. 예를 들어 공을 던지는 행동을 가지고 90%의 확률로 사람을 식별할 수 있고(Alexander K., et al., 2019),[65] 사람이 걸을 때 엉덩이와 무릎, 발목이 움직이는 각도를 추출하여 인체 측정 정보를 얻고 이를 통해 개인을 식별하는 연구도 있습니다(Andersson, V., Dutra, R., & Araújo, R., 2014).[66] 또 HMD를 쓴 사람들이 고개를 올리고 내리거나 돌리는 등의 단순한 머리 움직임 패턴을 가지고 95.57%의 확률로 사용자 개개인을 인식하기도 합니다. 이 식별력은 동공 식별이나 지문 식별과 같이 모방 공격에 강해서 스마트 헤드 인증시스템(Headbanger)으로 구현이 가능하다는 결과가 나타났습니다(S. Li, et al., 2016).[67]

이와 같이 AR·VR·XR로 수집된 행동 데이터들은 의료 데이터와 달리 데이터 수집 규제나 모니터링 규제, 기준이 없는 상황입니다(J. Outlaw & S. Persky, 2018).[68] 현재 구글(Google), 마이크로소프트(Microsoft), 메타(구 Facebook), 바이트댄스(Bytedance)[69] 등의 미국과 중국 대형 기술회사들은 인터넷 경제를 지배하면서 소비자들의 행동을 대규모로 수집하고 규제 없이 모니터링하고 있습니다. 메타버스에서는 콘텐츠 제작자가 제공한 콘텐츠와 이용자의 개인정보 그리고 메타버스 내에서 주고받은 메시지 등이 빅데이터를 구성하는데, 실시간으로 처리되는 이 빅데

65) Alexander K., et al.(2019). "Task-Driven Biometric Authentication of Users in Virtual Reality (VR) Environments". International Conference on Multimedia Modeling MMM 2019. pp.55–67.

66) Andersson, V., Dutra, R., & Araújo, R.(2014.3.). "Anthropometric and Human Gait Identification Using Skeleton Data from Kinect Sensor". In Proceedings of the 29th Annual ACM Symposium on Applied Computing. pp.60–61.

67) S. Li, A. Ashok, Y. Zhang, C. Xu, J. Lindqvist and M. Gruteser(2016). "Whose Move is it Anyway? Authenticating Smart Wearable Devices Using Unique Head Movement Patterns". 2016 IEEE International Conference on Pervasive Computing and Communications(PerCom). pp.1–9. doi: 10.1109/PERCOM.2016.7456514.

68) J. Outlaw, S. Persky(2018). "Industry Review Boards are Needed to Protect VR User Privacy". 2018 XR Privacy Summit at Stanford.

69) 틱톡(TicTok)의 모회사이자 세계 최대의 스타트업 회사로 2020년 기준 1,000억 달러의 가치 평가를 가지는 기업임.

이터는 비즈니스 운영 시스템의 개선이나 고객 맞춤형 광고에 활용될 수도 있습니다. 기업-기업 간, 기업-개인 간 온라인상의 편향된 권력관계와 개인정보 유출이 우려될 수밖에 없는 것입니다. 슬레이터(M. Slater)는 이를 경계하기 위해 국가 및 범세계적으로 가상세계 소비자 보호를 요구하고 소비자들에게 직접 그들이 놓인 취약한 위치를 알려야 한다고 주장합니다.[70] 메타버스 속에서 처리되는 다양한 개인정보가 누구와 공유되고 어떤 목적으로 활용되며 어느 시점에 파기되는지를 확인할 수 없다는 점에서 개인정보의 보호 논의는 빠르게 이뤄져야 할 것입니다.

다. 법적 표준과 윤리 논의

그 외에 AI 사기와 디지털 성범죄, 중독, 과몰입과 같은 각종 사회적 문제들이 메타버스 문화예술교육에서 함께 해결해야 할 과제입니다. 국내 메타버스 플랫폼 중 가장 널리 사용되는 네이버 제페토에서는 스토킹, 성희롱, 유사 성행위에 준하는 경범죄가 왕왕 발생하고 있습니다. 다양한 매체를 통해 메타버스 관련 법안과 규제가 필요하다는 데에는 합의가 모이고 있지만, 게임과 메타버스를 분리하기가 쉽지 않은 만큼 다양한 이견이 존재합니다.[71]

우선 정치권에서는 ▲ 청소년 유해 콘텐츠 노출 및 성범죄 문제 ▲ 이용자가 생성하는 콘텐츠의 소유권 문제 ▲ 메타버스 환경 속 광고 노출 문제 ▲ 아바타 인격권 부여 문제 ▲ 대체 불가 토큰(NFT) 및 암호화폐 연동 등에 따른 상거래법 관련 문제, 사기·불법 투기·해킹 등에 관한 문제로 인해 '게임 산업 진흥에 관한 법률' 검토 필요

---

70) M. Slater(2020.3.3.). "The Ethics of Realism in Virtual and Augmented Reality". Frontier Virtual Real(https://doi.org/10.3389/frvir.2020.00001).
71) 박소영(2021.10.28.). "'분리 vs 동일' 메타버스 법안 두고 게임 업계·정치권 상반된 시선". it Chosun.

성을 제시하고 있습니다. 그러나 국내법상 게임은 게임위원회의 등급 분류를 받아야 서비스가 가능한 구조로 메타버스 플랫폼을 포용하지 못하는 상황입니다. 예컨대 로블록스의 플랫폼에 존재하는 게임만 4,000만 개 이상으로 각각의 게임을 일일이 다 등급 분류를 할 수 없는 것입니다. 메타버스는 게임이 아닌 일종의 플랫폼이므로 게임과 동일시될 수 없고 게임과 메타버스를 분리해야 한다는 주장도 있어 접점을 찾는 데 많은 시간이 소요될 것으로 보입니다.

또 현실 세계에서는 문제가 되지 않던 영역들이 가상세계에서는 새로운 쟁점으로 드러나는 예도 있습니다. 메타버스 환경에서는 플랫폼 운영자가 이용자들의 창작을 적극적으로 지원합니다. 이때 플랫폼 저작물을 활용한 2차 저작물의 권리 문제가 발생할 수 있습니다. 제페토의 경우, 제페토 콘텐츠의 저작권과 같은 지식재산권은 제페토 운영사에, 사용자 콘텐츠(UGC)의 저작권 및 기타 지식재산권은 사용자에게 있으며 제페토는 해당 콘텐츠의 미디어 배포 권한을 가지는 것으로 정책을 세워놓고 있습니다. 그러나 디지털 형태의 창작물은 메타버스에서 거래가 이루어질 때 복제가 쉽다는 문제가 존재합니다. 그 대안으로 창작물의 불법 복제를 막고 권리자임을 인증해줄 수 있는 블록체인 기반의 디지털인증서 NFT(Non-fungible Token)가 주목받고 있습니다.

NFT는 고유번호를 통해 권리자로서 보장되어 교환이나 위조를 할 수 없다는 점 덕분에 디지털 창작물에서 그 필요성을 인정받고 있지만, 아직 완벽한 대안으로는 보기 어렵다는 것이 전문가들의 의견입니다. 예를 들어 창작자가 아닌 사람이 창작물을 NFT로 먼저 등록해 권리자라고 주장할 수도 있고, 허락도 없이 원저작물을 활용한 이차적 저작물을 만들어 NFT로 등록할 수도 있으며, 이차적 저작물을 만든 자가 원소유권자로서 창작물을 유통시킬 수도 있기 때문입니다. 이는 원저작물을 향한 저작권 침해로서 이차적 저작물 작성권뿐만 아니라 성명표시권까지 문제가 될 수 있는 부분입니다.[72] 메타버스 플랫폼의 주 이용자들이 이 같은 권리와 법적 내용에 취약한 아동·청소년이라는 것을 간과해서는 안 됩니다.

그렇다면 메타버스에서 법 제재는 어떠한지 살펴볼 필요가 있습니다. 현재 메타버스 내 역기능과 불법 행위들이 조금씩 나타나고 있지만, 가상세계는 물리적 장소로 인정되지 않다 보니 재판 관할에 어려움이 있는 것이 사실입니다. 현실의 법질서를 메타버스에도 동일 적용하자는 일부 의견도 있으나, 우려되는 문제점이 있다고 해서 발생하지도 않은 사안에 먼저 사법권을 시행하거나 규제의 담을 쌓는다면 산업 경제적 발전 저해와 함께 자연정화 기능을 상실할 것이라는 우려도 함께 존재합니다.

결국, 교육의 목적이 민주시민을 양성하는 것이라고 볼 때 사회라는 테두리 안에서 새로운 기술을 수용하고 활용할 수 있는 역량을 가질 수 있게 해야 합니다. 즉 적절한 법 제도와 윤리적 대안 마련에 관심을 두되, 메타버스에 압도당하거나 회피하거나 보호만을 중심에 두는 태도는 지양해야 하는 것입니다. 예술의 역사가 언제나 새로운 사회를 두드려보고 비판과 해체, 파괴와 결합의 과정을 통해 인간 스스로 답을 찾게 하였다는 것을 기억하기 바랍니다. 많은 선생님과 예술 교육가는 사회 속 폭력과 젠더, 장애 등의 이슈를 어렵다, 불편하다고 피하기보다 오히려 연극과 같은 예술의 테두리 안에서 안전하게 다뤘을 때 학습자들에게서 보다 창의적이고 다양한

---

72) 김경숙(2021). "메타버스에서 발생할 수 있는 다양한 법적 문제를 짚어보며". 한국콘텐츠진흥원 N콘텐츠. Vol.19. 2021 1st.

민주적 관점을 끌어낸 경험들을 가지고 있을 것입니다. 이는 메타버스 환경과 의제에서도 충분히 이어질 수 있습니다. 메타버스 문화예술교육에서 연령에 맞는 다양한 의제를 함께 사유하고 인문학적·창의적 관점으로 반영하는 기회를 예술로 적극 활용한다면, 법보다도 빠르고 규제보다도 건강한 메타버스 환경을 함께 만들어갈 수 있을 것입니다.

메타버스 문화예술교육의 툴과 활용

가. 메타버스 문화예술교육의 툴에 대한 접근

■ 메타버스 문화예술교육 툴의 몇 가지 전제

메타버스 문화예술교육을 구성하면서 예술 교육가들은 당장 어떠한 툴(Tools)을 사용해야 할지 어려움을 느끼는 경우가 많습니다. 본 절에서는 유용한 툴을 소개하고 그 활용 예시들을 제시하여 보다 효과적인 예술 교육을 구성하는 데 도움을 주고자 합니다. 본 절에서 의미하는 '메타버스 문화예술교육 툴(Tools)'은 HMD와 같은 하드웨어 기기, 제페토나 이프랜드와 같은 온라인 플랫폼, 유니티나 틸트브러시 같은 소프트웨어, 애플리케이션을 모두 포함하여 지칭합니다. 다만 HMD 하드웨어는 현재 브랜드 종류가 많지 않고, HMD 및 플랫폼 소개와 설명을 본 책 제1장에서 다루었으므로 여기서는 애플리케이션을 위주로 소개할 예정입니다. 소개와 활용 예시 설명에 앞서, 메타버스 툴을 대할 때 우려되는 부분이 있어 기억해야 할 몇 가지 전제 조건을 다음과 같이 제안하고자 합니다.

첫 번째는 관련 기술의 변화와 발전 속도, 엄청난 양의 툴에 조바심을 내지 말아야 한다는 것입니다. 기술의 양과 변화에만 집중하다 보면 조바심이 날 수 있고 내가 뒤

처져 있다는 좌절감이나 무기력에도 쉽게 빠질 수 있습니다. 그러나 음악 교육가라고 해서 모든 악기를 다 연주할 수 있는 것은 아니고, 이를 가지고 조급해하거나 전문성이 없다고 여기지도 않습니다. 이처럼 메타버스의 도구와 새로운 소프트웨어, 애플리케이션을 다 알지 못하는 것에 조바심을 내는 것은 불필요한 일이며, 오히려 효과적인 예술 수업 구성에서 방향과 균형을 상실하게 하는 방해 요인이 될 수 있습니다. 예술 교육가는 IT가 아닌 예술과 교육의 영역에서 전문성을 갖고 집중해온 사람들입니다. IT 전문가들도 하루가 멀다 하고 새롭게 출시되는 소프트웨어와 기기들을 능숙하게 익히고 사용할 수는 없는 것처럼 새로운 기술, 다양한 툴에 관심은 가지되 모두 할 수도, 할 필요도 없다는 것을 인정하는 여유가 있어야 합니다.

두 번째 전제는 자신과 관련된 영역에 관한 호기심과 액션러닝입니다. 창의성은 지식과 경험을 먹이로 자랍니다. 앞서 언급한 것처럼 모든 툴을 다루고 따라갈 필요는 없지만 자신의 영역이나 관심 분야에서만큼은 기본적인 호기심 발현이 필요합니다. 예술 교육가들과 워크숍을 진행하면서 창의성과 관련하여 다음과 같은 실험을 한 일이 있습니다. '전주'라는 지역을 주제로 예술 교육 프로그램을 구성해보자고 했을 때 가장 활발하게 많은 아이디어를 낸 예술 교육가는 누구였을까요. 예술성, 교육 역량, 경력의 높고 낮음과 별개로 어쩔 수 없이, 전주에서 나고 자란 사람-전주를 여행해본 사람-전주를 검색해본 사람 순이었습니다. 전주에 가본 적도 없고 관심도 없어서 검색조차 해보지 않은 사람은 자신의 역량이 어떠하든 간에 접근에서 막힐 수밖에 없을 것입니다. '경험'을 토대로 배우고 나누는 액션러닝은 아이들에게만 사용하는 교육 기법이 아니라 '미적 경험'을 추구하는 예술 교육가가 견지해야 하는 당연한 삶의 태도입니다. 자신의 영역이나 관심이 있는 분야만큼은 데모버전이나 무료 애플리케이션을 사용해볼 것을 제안합니다. 작은 호기심에 따라 실행을 쌓아나가는 습관은 자신만의 경험과 지식을 축적하는 데 큰 도움이 될 것입니다.

세 번째는 미숙함에서 오는 서비스 기반의 예술 교육과 작위적 예술 교육에 주의하는 것입니다. 메타버스 툴을 처음 접하거나 갑자기 관심을 가지게 된 예술 교육가들이 흔히 하는 실수로, 접하는 도구 하나하나가 새롭다 보니 기술 자체만을 예술 수업으로 여기거나 기술을 위한 작위적·인위적 활동을 창의적 예술 교육이라 여기는 미숙함을 드러내기 쉽습니다. 예를 들어 제페토에 들어가 아바타를 꾸미고 돌아다니며 대화하는 과정만으로도 창의성이 충분하다고 판단하여 플랫폼이 제공하는 서비스만을 가지고 예술 수업을 구성한다거나, 제페토 월드에서 사진과 브이로그를 찍어 올리는 결과물 자체를 강력한 목표로 삼아서 감정 말하기나 대본 쓰기와 같은 활동을 작위적으로 끼워 넣는 것과 같은 것입니다. 물론 제페토가 처음인 중장년층이나 어르신들에게는 그 자체가 신기한 경험이 되고 단순한 서비스 체험만으로도 의미 있는 수업이 될 수 있을 것입니다. 그러나 로블록스, 마인크래프트, 제페토와 같은 메타버스 서비스 대부분은 이미 창작자와 소비자의 경계를 허물어버렸고, 이는 우리가 만날 아이들의 세계관과 삶에도 그대로 녹아들어 있습니다. 즉 가상세계를 소비할 뿐만 아니라 동시에 게임과 월드를 만들며 적극적 생산자가 되기도 하는 메타버스 세대에게는 플랫폼의 기본 서비스(아바타 꾸미기·월드 꾸미기·사진 찍기·대화하기 등등 플랫폼이 제공하는 모든 기본 버튼)들이 창조적이지 않고 미적 경험으로 와닿기도 어렵습니다. 비유하자면 어른들이 그저 제공된 순서에 따라 메일 주소를 만들거나 SNS 계정을 만드는 것과 같은 수준인 것입니다. 그런데 메일 주소를 만들 때 누군가가 창의적이라고 감탄을 하거나 문학적으로 자신의 감정을 담아 계정을 만들어보자고 한다면 매우 어색하고 작위적으로 느껴질 것이 분명합니다. 이 같은 실수는 특히 어른들끼리 모여 수업을 구성하고 피드백을 하다 보면 더욱 깊이 빠지는 오류입니다. 내가 신기한 것, 내가 창의적이라고 여기는 것이 과연 대상자들에게도 그러한지, 우리의 미숙한 수준에서 오는 단편적 접근이나 수업 구성은 아닌지 생각해보고 주의할 필요가 있습니다.

마지막 네 번째는 기술보다 미적 경험과 콘텍스트에 집중하는 예술 교육의 가치를 메타버스 문화예술교육에서도 놓치지 말아야 한다는 점입니다. 이를 위해 예술교육가들과 함께하는 연수에서는 메타버스 기술과 도구들을 붓 하나, 물감 하나, 악기 하나로 여기라고 역설적으로 이야기하기도 합니다. 이 책 전반에서는 메타버스가 하나의 도구가 아닌 생태계라는 사실을 반복해 강조하였고 그 관점을 절대 놓치지 말아야 한다고 했습니다. 하지만 당장 자신의 수업 구성에 직면했을 때는 눈앞의 소프트웨어와 손안의 HMD를 물감 하나, 악기 하나, 언어 하나로 여겨야만 기존의 문화예술교육이 가꿔온 예술 중심·과정 중심의 방향을 쉽게 이어갈 수 있습니다. 예전에는 수채화 그리기를 예술 수업이라 여겼지만 이제는 단순 '미술기법' 수업일 뿐 '예술 수업'으로 여기지는 않습니다. 미대 입시나 전공을 하지 않는 한 수채화의 담채 기법은 표현하고자 내용보다 우선시될 수 없다는 것을 우리는 알고 있습니다. 달걀을 섞어 쓰던 템페라는 15세기 들어 편리한 튜브형 유화물감으로 대체되었지만, 지금도 우리가 템페라화냐 유화냐가 아닌 그림의 내용에 따라 명화로 칭하며 소중히 하는 것처럼 말입니다. 메타버스 문화예술교육에서도 같은 접근이 필요합니다. 기법이나 도구에 좌지우지되거나 기술 사용 자체가 목적이 되지 않게 유의하면서, 아이들이 스스로 표현하고자 하는 콘텍스트와 창의적 표현을 촉진해주는 예술 중심·가치 중심의 수업 구성을 놓치지 말아야 합니다.

■ 메타버스 문화예술교육 툴의 선택 기준

메타버스 문화예술교육에 활용할 수 있는 플랫폼과 소프트웨어, HMD 기기들은 이미 그 종류와 수를 세는 것이 의미 없을 만큼 방대해졌고 지금 이 시간에도 끊임없는 개발을 통해 새로운 기기와 업그레이드된 버전들이 줄지어 출시되고 있습니다. 종류가 많다는 것은 선택의 폭이 다양하고 넓다는 것이기도 하지만 그만큼 선택하는데 어려움을 겪을 수 있다는 뜻이기도 합니다. 메타버스 문화예술교육 툴을 대하는 전제에 이어 플랫폼과 소프트웨어, HMD 기기 등을 선택할 때 참고할 만한 몇 가지 기준들을 다음과 같이 제안해봅니다.

첫 번째로 고려해야 할 점은 바로 '안정성'입니다. 가장 우선시해야 하는 기준으로 안정성을 삼은 이유는 메타버스 툴이 결국 기술과 온라인을 기반으로 하는 만큼 안정성 보장이 없다면 제대로 된 수업 자체가 불가능하기 때문입니다. 코로나19로 인한 비대면 수업을 되돌아보면 카카오톡이나 페이스북에 이미 영상통화 서비스가 있음에도 일부 유료인 줌(ZOOM)이 결국 주된 수업 도구로 자리매김하였습니다. 이는 줌이 영상의 끊김과 에러가 적고 사용하기에 편리하며, 보안과 공유 정책 등 다양한 영역에서 안정성이 보장되기 때문입니다. 메타버스 툴은 국경과 영역을 초월하여 사용되고 있는 만큼 전 세계에서 얼마나 많은 유저들이 선택하여 사용하고 있는가, 어떤 기업이 개발하였는가, 전문적인 리뷰에서는 어떻게 평가하고 있는가 등을 통해 어느 정도 확인이 가능합니다. HMD 기기는 신생 업체보다 메타(전 오큘러스)[73]나 MS와 같은 유명 기업의 기기가 구입 과정부터 확장·연동·AS에 이르기까지 안정적 서비스를 담보할 수 있고, 플랫폼 또한 신생 플랫폼보다 2억 명의 유저가 있는 네이버 제페토나 SKT가 서비스하는 이프랜드가 더욱 안정적일 것이라 추측할 수 있습니다.

---

73) 오큘러스는 2012년에 설립된 스타트업으로 2014년 페이스북(현 메타META)에 인수되었음. 2021년 기준 VR과 AR기기 전체 출하량 가운데 75%의 점유율을 차지함. 2022년 1월, 사명을 바꾼 메타가 공식적으로 오큘러스 브랜드 종료를 선언하면서 메타 퀘스트 브랜드로 점진적 이관이 진행 중임.

두 번째는 '편의성'입니다. 메타버스 툴은 예술 활동을 위한 도구이자 공간이므로 예술 활동에 집중하기 위한 환경이 중요합니다. 만약 툴이 복잡하고 어렵게 느껴져 실수가 반복되는 환경이라면 그만큼 주의가 흐트러질 수밖에 없을 것입니다. 예술 교육가가 먼저 사용해보고 교육 시연도 해보면서 설치가 편리한가, 조작은 쉬운가, 언어만으로 안내와 지도가 가능한가 등을 검토해봅니다. 그러나 일반적인 미술 수업에서 빨리 건조되는 수채화나 아크릴화를 주로 하다가 그림을 말릴 수 있는 충분한 시간과 공간이 있을 때 유화도 하는 것처럼, 조작은 어렵고 복잡하지만 예술 교육에 유용한 툴이라면 충분한 공간과 시간이 있을 때 활용해보는 등 조건과 상황에 맞춰 편의성은 조정될 수 있습니다.

세 번째는 '확장성'입니다. 시공간과 영역을 초월하는 메타버스의 특성에 따라 각 툴이 다른 툴과 얼마만큼 연동되고 확장되느냐에 따라 메타버스 예술 활동의 창조성도 달라질 수 있습니다. 최근 여러 플랫폼에서 공유 버튼을 누르면 카카오톡, 페이스북, 인스타그램, 네이버 블로그 등등 같은 회사는 아니지만 주된 소셜 플랫폼으로 쉽게 연동되는 것을 확인할 수 있습니다. 다양한 메타버스 툴도 다양한 플랫폼·기기·소프트웨어·애플리케이션들과 연동을 지원하고 있는데, 그 범위와 편리성이 조금씩 다릅니다. 앞서 언급한 것처럼 유저가 많은 플랫폼일수록(네이버 제페토·유튜브 등), 제조기업이 큰 HMD 기기일수록(메타 퀘스트·MS 홀로렌즈 등), 메타버스의 핵심 소프트웨어일수록(유니티 등) 넓은 연동성과 확장성을 띱니다. 용도에 따라서는 미술과 관련한 툴끼리, 음악·영상과 관련한 툴끼리 연동되게 개발하는 경우도 늘어나고 있어 이를 적극적으로 검토하고 활용할 필요가 있습니다.

그 외 교육 전반을 고려한 메타버스 툴의 선택 기준은 메이커 교육의 교구 선택 기준을 참고합니다. 메이커 교육의 교구 선택은 ①초·중·고등학교에서 기본적으로 사용하는 교구 선택 기준 ②소프트웨어 교육의 피지컬 컴퓨팅 교육 교구 선택 기준 ③누구나 사용 가능한 보편적 설계(Universal Design)의 기준을 함께 채택하여 연구, 개발되어 있습니다.[74] 메타버스 문화예술교육의 툴(소프트웨어·HMD 등 하드웨어·플랫폼 등)의 선택 기준은 이를 재구성하여 다음과 같이 제안할 수 있습니다.

[표 3-3-1] 메타버스 문화예술교육 툴 선택 기준

번호	분류	척도
1	안전성	-안전사고 위험이 없어야 한다. -건강에 해를 끼칠 수 있는 것은 사용하지 말아야 한다.
2	주제 호환성 및 다목적성	-다양한 교육 활동에 사용할 수 있어야 한다. -다른 도구나 자료와 통합하여 사용할 수 있어야 한다. -내장 기능이나 추가 부품을 연결하여 다양한 기능을 지원해야 한다.
3	예술교육적 적합성	-교육 대상의 발달단계 및 흥미 유발에 적합해야 한다. -예술 교육에서 요구하는 활동이 가능하여야 한다. -예술적 상상력과 아이디어의 구조화·체계화가 가능하여야 한다. -예술적 표현의 주도적인 구현과 공유, 평가가 가능하여야 한다.
4	조작의 용이성 및 성능의 신뢰성	-(교사) 간단한 훈련으로 수업 시간에 사용하기 쉬워야 한다. -(학생) 간단한 사용법을 배우고 수업 시간에 사용하기 쉬워야 한다. -프로그램의 기능과 실행 결과는 교사, 학생의 수준에서 설명될 수 있는 정확도(신뢰도 및 타당도)를 가져야 한다.
5	경제성	-예산 항목 내에서 쉽게 구입할 수 있어야 한다. -부품을 합리적인 시간 내에 합리적인 가격으로 쉽게 조달할 수 있어야 한다.

---

74) 전우천(2018). "메이커 교육의 교구선택기준 개발연구". 『창의정보문화연구』. 제4권 제3호.

번호	분류	척도
6	보편적 설계	원칙 1. 공평한 사용(Equitable Use) : 장애나 능력과 상관없이 다양한 계층의 사람들이 사용할 수 있도록 설계한다. 원칙 2. 사용상의 유연성(Flexibility in Use) : 개인의 선호도나 장애 여부, 능력과 관련하여 가급적 넓은 범위에 맞출 수 있게 설계한다. 원칙 3. 단순하고 직관적인 사용(Simple and Intuitive Use) : 사용자의 경험이나 지식, 사용 언어, 집중도와 관계없이 이해하기 쉽게 설계한다. 원칙 4. 쉽게 인지할 수 있는 정보(Perceptible Information) : 사용자의 감각 능력이나 환경과 관계없이 사용자에게 충분한 정보를 효율적으로 전달할 수 있게 설계한다. 원칙 5. 실수를 감당(Tolerance for Error) : 사용자가 잘못 사용하거나 예기치 못한 행동을 하더라도 위험이나 부작용이 최소가 되도록 설계한다. 원칙 6. 적은 물리적 움직임(Low Physical Effort) : 사용하기 편하고 피로를 느끼지 않도록 설계한다. 원칙 7. 접근하고 사용하기에 적합한 사이즈와 공간(Size and Space for Approach and Use) : 사용자의 체형, 자세, 이동성과 관계없이 쉽게 접근하고 사용하기 편리하도록 사이즈와 공간을 설계한다.
7	내구성 및 서비스	학생들이 반복적으로 사용하여도 기능 중단 또는 파손이 쉽게 발생해서는 안 된다. -교육 활동을 하는 동안 일어나는 사소한 충격(부딪힘, 떨어짐 등)을 견딜 수 있다. -기능 안내와 교육 활동에 필요한 자료를 쉽고 다양하게 얻을 수 있어야 한다. -에러가 발생하거나 고장, 파손 시 수리 및 교환이 용이하여야 한다.
8	보안성	-교구를 사용하는 동안 내부 자료의 유출을 탐지하고 방지할 수 있어야 한다(기밀성). -교구 사용 후 불필요한 자료를 삭제할 수 있어야 한다(기밀성). -권한에 따라 서로 다른 기능을 제공해야 한다(무결성). -교구 사용 후 초기 상태로 복귀가 가능해야 한다(가용성).

자료: 전우천(2018). "메이커 교육의 교구선택기준 개발연구". 『창의정보문화연구』. 제4권 제3호.

나. 주제 도입 및 체험을 위한 툴과 활동

메타버스가 교육에서 게임체인저라고 불리는 이유는 몰입형 경험을 제공한다는 데 있습니다. 책에서만 봤던 우주를 직접 유영해보고, 뉴스로만 보던 전쟁 지역과 난민촌 한가운데에 들어가고, 그림으로만 보던 건축물을 직접 방문해보는 것은 예술교육 측면에서 볼 때 비교할 수 없이 깊은 사유와 정서, 감각을 끌어낼 수 있기 때문입니다. 그러므로 문화예술교육에서 메타버스는 감각 경험을 통한 주제 도입에 점점 더 유용한 도구가 될 것입니다. 쉽게 설명하자면 예술 교육의 도입 자료로 해외의 건축물을 활용할 때, 과거에는 이를 책으로 보여주었습니다. 그러다 종이에 프린트해서 인쇄물로 보여주다가, PPT로 만들어 빔프로젝트의 큰 화면으로 보여주게 되었습니다. 몇 년 전부터는 유튜브를 통해 영상으로 보여주기 시작했고, 최근 유튜브에서는 360° 카메라로 촬영한 건축물 영상까지도 활용할 수 있습니다. 그런데 여기서 더 나아가 메타버스는 VR을 통해 눈앞에 건축물을 갖다 주고 실제 모습으로 보여주게 된 것입니다. 그러므로 메타버스 문화예술교육을 구성할 때 실행의 영역에서만 메타버스 툴을 활용할 것이 아니라, 오히려 주제 도입에서 몰입형 경험을 적극적으로 제공하는 편이 예술적·미적 체험 면에서 이전의 사유 활동보다 효과적일 수 있습니다.

VR 경험을 위한 소프트웨어와 실감형 콘텐츠는 날이 갈수록 다양해지고 있으며 검색을 통해 찾는 것 또한 쉬워지고 있습니다. 가장 쉽게 검색할 수 있는 방법은 HMD 사이트에 있는 소프트웨어(애플리케이션) 스토어를 살펴보는 것입니다. 스마트폰도 애플은 애플대로, 삼성은 삼성대로 별도의 앱스토어를 운영하고 있는 것처럼 HMD 기기들도 소프트웨어를 꾸준히 개발하고 연동하면서 기기의 판매와 상용을 함께 기대하는 상황입니다. HMD에서 가장 큰 점유율을 차지하는 메타 퀘스트(전 오큘러스) 사이트[75]에서는 경험을 위한 콘텐츠와 다양한 유·무료의 애플리케이션들을 제공하고 있습니다. 앱스토어는 유저들의 평가 별점과 후기를 한눈에 모아 볼 수 있고 안정성과 호환성과 같은 조건을 쉽게 확인할 수 있다는 점에서 편리합니다.

그 외 구글이나 네이버 등 검색엔진을 통해서도 개별 자료 검색이 가능한데, 박물관·미술관과 같은 세계 곳곳의 공공기관이나 VR 콘텐츠를 전문으로 제공하는 플랫폼에서는 주로 VR로 만들어진 이미지와 영상들을 무료로 제공받을 수 있습니다. 값비싼 HMD 대신 10달러 이내의 구글 카드보드(Google Cardboard)나 다이소·온라인 사이트에서 5,000원에 판매하는 VR BOX만 있으면 다양한 VR 경험을 하는 것도 가능합니다. 다만 메타버스용 HMD에 비해 VR 영상 관람은 일방향적 형태이므로 주제 도입에서 자료용으로 활용할 때 적합할 것입니다.

VR 이미지와 영상 자료를 제공하는 주요 애플리케이션은 다음과 같습니다. 구글 카드보드를 사용할 때에는 휴대폰에 애플리케이션을

[그림 3-3-1] 구글 카드보드와 유튜브 360° VR

자료: (좌)구글 카드보드 https://arvr.google.com/cardboard/
(우)유튜브 360° VR www.youtube.com

---

75) https://www.oculus.com/

설치한 뒤 필요한 영상을 다운받거나 실시간으로 재생하여 사용하면 됩니다.

· Google Expeditions: https://artsandculture.google.com/project/expeditions#about
교실 학습을 위해 설계된 수많은 종류의 교육용 VR 콘텐츠 제공
· Google Earth VR: https://arvr.google.com/earth/
전 세계 거리와 명소를 구석구석 다닐 수 있는 VR 콘텐츠
· within: https://www.with.in/
다양한 현장과 이슈를 다큐멘터리·인터뷰·가이드 형태의 VR 콘텐츠로 제공하며, 난민·장애·금융·역사 등 세계적·사회적 이슈를 현실감 있게 활용 가능
· youtube 360˚VR: www.youtube.com
유튜브 내 방대한 양의 VR 영상 검색이 가능하며, 기본적으로 유튜브에 익숙하여 접근하기 좋으나 콘텐츠마다 질적 수준이 매우 상이하므로 사전 검토 필수
· unimersiv: https://unimersiv.com/ ─ eonreality: https://eonreality.com/
역사·우주·인체해부학 등을 전문으로 하는 VR에듀테크 기업의 플랫폼으로, 두 곳 모두 주요 콘텐츠는 유료로 제공

VR 영상은 360˚카메라로 촬영한 것을 가상현실로 보여주기 때문에 현실 기반의 콘텐츠에 한정되어 있는 경우가 많습니다. 그러나 궁극적으로 메타버스 문화예술 교육의 활용에서 가장 유용한 영역은 현실에서 불가능한 체험들을 가능하게 하는 것입니다. 예를 들어 직접 가보는 것이 불가능하거나 어려운 시공간을 경험하는 것(우주·바닷속·전쟁 지역·역사 및 과거·먼 나라 등), 안전이나 생명윤리 문제 또는 경제적 이유로 현실에서 실행하기 어려운 경험을 하는 것(화학물 실험·동물 해부·비행기 및 우주선 조종 등), 상상을 기반으로 하는 경험 혹은 예술가의 가상세계 작품

을 만나보는 경험과 같은 것입니다. 무엇보다 메타버스 실감형 콘텐츠는 적지 않은 예산을 들이는 만큼 보다 판매가 가능하고 요구도가 높은 내용을 제작할 수밖에 없을 것입니다. 다음으로 소개하는 툴은 HMD 기기를 착용해야 하는 것으로, VR 영상 관람보다 주도적이고 감각적인 경험이 가능합니다. 이 우수하고 다양한 소프트웨어와 앱을 예술 교육가들이 한번 체험해본다면 몰입형 콘텐츠가 무엇인지 보다 명확하게 느낄 수 있을 것입니다.

■ 디스커버링 스페이스2 (Discovering Space 2)
·가격: 9.99달러
·구매처: 오큘러스 스토어(Oculus Store), 스팀 스토어(Steam Store)
·HMD: 밸브 인덱스(Valve Index), HTC 바이브(Vive), 오큘러스 리프트(Oculus Rift), 케이블 연결 시 오큘러스 퀘스트(Oculus Quest)

[그림 3-3-2] 디스커버링 스페이스2

자료: http://discoveringvr.com/

실제 우주선을 타고 태양계 주위를 날아다니며 행성을 탐험하는 콘텐츠로 가이드 투어 중 하나를 선택하여 따를 수도 있고 자율적으로 태양계를 탐험하는 것도 가능합니다. 혼자 여행할 경우 행성 간 광대한 거리를 직접 전달받을 수 있는데, 예를 들어 행성에 도착하는 데 79일이 걸린다는 식입니다. 물론 이는 가상의 속도일 뿐이지만 다른 우주 VR 콘텐츠에 비해 매우 현실적으로 우주 탐험을 그려냄으로써 우주가주는 광대하고도 먹먹한 감정을 세밀하게 경험할 수 있습니다.

■ 스피어스 (Spheres)
·가격: 9.99달러
·구매처: 오큘러스 스토어(Oculus Store)
·HMD: 오큘러스 리프트(Oculus Rift) 및 오큘러스 퀘스트(Oculus Quest)

[그림 3-3-3] 스피어스

자료: 트레일러. http://citylightsvr.com/

디스커버링 스페이스2가 현실적인 우주 탐험의 대표주자라면 스피어스는 과학보다 예술에 더 가까운 작품이라고 할 수 있습니다. 10분짜리인 이 3개의 콘텐츠는 유명한 미국 배우와 가수들이 내레이션을 맡았으며, 감독 엘리자 맥니트(Eliza McNitt)가 다양한 방식으로 은하계를 해석한 움직임과 사운드트랙이 우주에 관한 예술적 영감을 가져다줍니다. 과학적 탐험을 기대한 유저들과 예술성을 느낀 유저들 사이에서 호불호가 갈리고 비교적 오래된 콘텐츠이다 보니 최근 기술보다는 유려함이 떨어지지만, 2018년 베니스 국제영화제 VR 작품상 수상작으로 우주를 어떻게 예술적으로 표상하고 있는지 도입 자료로 활용해볼 만합니다.

■ 안네 프랑크의 집 (Anne Frank House)

·가격: 무료

·구매처: 오큘러스 스토어(Oculus Store)

·HMD: 오큘러스 고(Oculus GO), 오큘러스 리프트(Oculus Rift), 오큘러스 퀘스트(Oculus Quest), 삼성 기어 VR(Gear VR)

[그림 3-3-4] 안네 프랑크의 집

자료: 트레일러. https://annefrank.org/

안네 프랑크 뮤지엄이 3D앱 개발사 버티고게임즈(Vertigo Games, Force Field Entertainment)와 공동 제작한 앱으로 2차 세계대전 동안 안네 프랭크와 다른 7명이 숨어 지낸 은신처를 그대로 표현하였습니다. 약 25분간 VR 투어가 진행되는데 한국어는 현재 제공되지 않습니다. 좁은 공간에서 가족들과 함께 지내는 동안 느꼈을 두려움과 다정함을 실감 나게 느낄 수 있어 책으로만 보았던 내용 이상으로 좋았다는 유저들의 후기들이 있습니다.

■ 오션 리프트(Ocean Rift)

·가격: 12,000원

·구매처: 오큘러스 스토어(Oculus Store), 스팀 스토어(Steam Store)

·HMD: Oculus Quest

지원되는 모드: 좌식 플레이, 스탠딩 플레이, 룸 스케일(2×2m)

[그림 3-3-5] 오션 리프트 체험 장면

자료: 오션 리프트 공식 트레일러. https://youtu.be/Nnsln2TjDtM

오션 리프트는 최초로 개발된 VR 수중 사파리 체험 콘텐츠로, 산호초·석호·극지대·심해 등 14가지의 다양한 해양 서식지에 사는 생물들을 만나볼 수 있습니다. 돌고래·상어·거북이·가오리·고래·바다사자, 심지어 선사시대 생물과 함께 수영하고 만져보는 경험을 제공합니다. 수영을 못하거나 물을 무서워하는 사람에게도 안전하면서 현실감 있게 다양한 바다 환경과 생물들을 만나볼 수 있게 해준다는 점에서 VR 실감형 콘텐츠의 강점을 확인할 수 있습니다. 환경이나 생명을 주제로 다루는 예술 교육에서 좋은 도입 자료로 활용할 수 있습니다.

■ 흑인의 여행(Traveling While Black)

·가격: 무료

·구매처: 오큘러스 스토어(Oculus Store), 스팀 스토어(Steam Store)

·HMD: 오큘러스 고(Oculus GO), 오큘러스 리프트(Oculus Rift), 오큘러스 퀘스
트(Oculus Quest), 삼성 기어 VR(Gear VR)

[그림 3-3-6] 흑인의 여행 체험 장면

자료: Traveling While Black 트레일러. https://youtu.be/Nnsln2TjDtM

　흑인의 여행은 한 편의 영화와 같은 VR 몰입형 콘텐츠입니다. 과거 흑인들이 당하였을 지역 간 이동 규제와 공간 차별 문제를 마치 우리 자신이 직면하는 것처럼 생생하게 경험하도록 해줍니다. 비록 영어로 제공된다는 한계가 있긴 하지만 무료 콘텐츠이며, 청소년과 성인의 예술 교육에서 차별·인권·평등과 같은 인권 관련 주제 도입으로 활용해볼 만합니다. 이 콘텐츠는 2020 캐나다 스크린 어워드(2020 Canadian Screen Awards)에서 최고의 몰입 경험(논픽션)상, VR 아를 2019(VR Arles 2019)에서 대상, 디지털 더즌 어워드 2020(Digital Dozen Awards 2020)에서 스토리텔링 혁신상(Breakthroughs in Storytelling), 더 웨비 어워드 2020(The Webby Awards 2020)에서 최고의 다큐멘터리·몰입형 및 혼합 현실 부분 상을 받는 등 VR 가상현실을 통한 뛰어난 스토리텔링과 몰입감을 인정받았습니다.

다. 메타버스 예술 수업을 위한 툴과 활동

메타버스 환경은 평면 스케치북을 넘어 독특한 3D 아트워크, 디자인 및 애니메이션 등 우수한 디지털 예술 창작 공간을 제공합니다. 특히 가상현실과 증강현실이 시각적 요소를 기반으로 발달한 만큼 메타버스 문화예술교육에서도 시각예술 영역과 관련한 툴이 가장 활발히 개발되고 있습니다.

다음 표는 편의성과 예술성, 안정성을 기반으로 활발히 사용되고 있는 시각예술 관련 애플리케이션입니다. 퀘스트(Quest)는 무선으로 사용하는 HMD 기기로, PC VR에 비해 VR 앱을 처리하기에 무겁고 일부 기능은 실행되지 않을 수 있지만 선이 없다는 점은 3D 페인팅 경험에서 놓치기 어려운 조건이기도 합니다. 각 툴마다 특성과 사용 가능한 플랫폼, 강점과 약점이 다르므로 데모버전 테스트와 유저들의 리뷰를 참고하여 수업 대상과 활동에 적절한 것을 스스로 검토하고 선택하는 것이 좋습니다. [표3-3-2]에 이어서는 툴 가운데 몇 가지 주된 애플리케이션을 소개하고자 합니다.

[표 3-3-2] 메타버스 문화예술교육 툴의 특성 비교

툴(Tools)	가격	사용 플랫폼			주요 기능			웹사이트
		Quest (무선 HMD)	PC VR	PS VR (플레이 스테이션VR)	그리기 (Painting)	조형 (Modeling)	애니 메이션	
틸트브러시 (Tilt Brush)	20 달러	○	○	○	○	×	×	https:// www.tiltbrush.com/
드림스(Dreams)	40 달러	×	×	○	×	○	○	http://dreams. mediamolecule.com/
퀼(Quill)	무료	×	○	×	○	×	○	https://quill.fb.com/

툴(Tools)	가격	사용 플랫폼			주요 기능			웹사이트
		Quest (무선 HMD)	PC VR	PS VR (플레이 스테이션VR)	그리기 (Painting)	조형 (Modeling)	애니 메이션	
어도비 미디엄 (Adobe Medium)	무료	×	○	×	×	○	×	https://www.adobe.com/ products/medium.html
킹스프레이 그래피티 (Kingspray Graffiti)	15 달러	○	○	×	○	×	×	http:// infectiousape.com/
그래비티 스케치 (Gravity Sketch)	무료	○	○	×	×	○	×	https://www. gravitysketch.com/
티보리(Tvori)	무료	×	○	×	×	○	○	https://tvori.co/
애님 VR(AnimVR)	30 달러	×	○	×	○		○	https://nvrmind.io/
블록스 (Blocks)	무료	×	○	×	×	○	×	https://arvr.google.com/ blocks/
스컬프트VR (SculptVR)	20 달러	○	○	○	×	○	×	https:// www.sculptrvr.com/
마스터피스 VR (Masterpiece VR)	30 달러	×	○	×	×	○	○	https:// sterpiecestudio.com/
어도비 서브 스턴스 3D 모 델러(Adobe Substance 3D Modeler)	19.99~ 49.99 달러 /월	×	○	×	×	○	×	https://www.adobe.com/ products/substance3d- modeler.html

자료: https://www.roadtovr.com/vr-painting-drawing-modeling-animation-art-tools-quest-pc/

■ 틸트브러시(Tilt Brush)

틸트브러시는 처음 VR 예술 애플리케이션을 접하는 예술 교육가들에게 가장 먼저 활용해볼 것을 제안하는 툴입니다. 3D 드로잉이 가능한 앱으로 기본 도구 모음이 직관적이어서 사용하기 쉽고, 초보 모드에서는 보다 쉽게 기능을 활용할 수 있기 때문입니다. 정기적인 업데이트로 안정성도 담보하고 있어서 앞으로도 꾸준히 예술 교육 현장에서 활용될 것으로 예측됩니다. 사용하는 모든 브러시에는 피사계 심도가 있어 다양한 각도에서 자신이 그린 작품을 확인할 수 있습니다. 무선 퀘스트(Quest)를 사용하면 선 없이 자유로운 360° 드로잉이 가능합니다. 다만 PC VR 에디션에 비해서는 메모리가 적어 디테일한 작업에 제약이 있고, 미리 참조 이미지를 사이드로드해서 활용해야 한다는 불편함이 있습니다. 그러나 브러시를 휘둘러야 하는 상황에서 선의 꼬임으로 방해받는 것을 생각하면 감수할 만한 정도입니다.

틸트브러시는 처음 VR 예술 애플리케이션을 접하는 이들에게 긍정적 경험을 제공하고 3차원 예술의 지평을 여는 데 유용하다고 여겨집니다. 다양한 음악을 틀어주어 그에 따른 느낌을 표현하거나 3차원에서 표현하고 싶은 것을 그려보는 등 자유롭고 즉흥적인 표현활동에 적합한 앱입니다.

[그림 3-3-7] 틸트브러시 활용 장면

자료: 틸트브러시 트레일러. https://youtu.be/TckqNdrdbgk

■ 퀼(Quill)

2년 전 퀼의 공식 사이트에서 트레일러 영상을 보았을 때 탄성을 질렀습니다. 애니메이션을 만드는 작업이 얼마나 많은 시간과 인력, 에너지를 필요로 해왔는지를 알기 때문에 그것을 집약적으로 줄여주는 퀼이야말로 3D 애니메이션이 꿈꿔온 미래라는 생각이 들었기 때문입니다. VR 일러스트레이션과 애니메이션 제작 전문 툴인 퀼은 캐릭터 디자인과 세트 디자인에서 스토리보드, 내러티브 편집까지 한 번에 가능한 것이 장점입니다. 메타버스 도구인 만큼 캔버스 자체가 무한히 확장되어 있으며 수채화·연필화·유화·만화와 같이 다양한 기법을 3차원 영역에서 바로 모델링할 수 있다는 강점도 있습니다. 내러티브로 만들어가는 과정과 수정도 쉽기 때문에 CG 기술이나 지식 없이도 가볍게 접근할 수 있고 애니메이션을 만드는 시간도 크게 줄여줍니다.

퀼은 내러티브를 반영할 수 있기 때문에 시각예술과 공연예술을 함께 반영하는데 유용합니다. 가상 휴먼으로 캐릭터를 활용하여 다양한 연기를 펼칠 수 있고, 무한대의 공간을 활용하여 창조적인 이야기들을 만들어낼 수도 있습니다.

[그림 3-3-8] 퀼로 애니메이션 '울타리 너머(Beyond the fence)'를 작업하는 장면

자료: https://quill.fb.com/userstories/5-beyond-the-fence

■ 킹스프레이 그래피티(Kingspray Graffiti)

킹스프레이 그래피티는 동네 벽이나 지하철, 컨테이너 벽에 그래피티를 해보고 싶은 욕구를 해소해주는 가상현실 툴입니다. 세계에서 참여하는 최대 4명의 플레이어와 함께 작업할 수 있습니다. 현실을 반영한 다섯 군데의 그래피티 공간이 제공되는데 스프레이의 색과 메탈릭한 질감, 분사력 등의 실제감까지 더해져 그래피티 창작 활동에서 느낄 수 있는 자유로움을 그대로 느끼는 것이 가능합니다. 실제 그래피티는 현장에 남지만 가상공간의 그래피티 작품은 360° 파노라마 캡처를 통해 자신의 SNS에 게시됩니다.

킹스프레이 그래피티는 자율적인 표현활동뿐만 아니라 다양한 동료와의 협동 작업이나 연극적인 그래피티 퍼포먼스의 형태로도 예술 수업에 활용할 수 있습니다. 아동·청소년의 흥미를 높일 수 있는 소재로 수업의 적극성을 끌어내기 좋으며, SNS 연계를 통한 온라인 전시 또한 쉽고 빠르게 구성할 수 있습니다.

[그림 3-3-9] 킹스프레이 그래피티 화면

자료: 킹스프레이 그래피티 트레일러. https://youtu.be/_Ev4tqFUdrk

■ 그래비티 스케치(Gravity Sketch)

그래비티 스케치는 조형(모델링)을 위한 전문 툴입니다. 디자인과 편집 기능이 어렵지 않고 다양한 클라우드로 설계를 내보낼 수 있게 만들어졌습니다. VR 창작물은 대부분 VR 또는 비디오로만 재생이 가능하지만, 그래비티 스케치는 작업한 3D 창작물을 3D 프린터로 내보내거나 PC 캐드(CAD) 소프트웨어, 태블릿 등으로 내보내서 추가 작업이나 결과물 출력을 할 수 있다는 것이 가장 큰 장점입니다. 틸트브러시에 비해 재미있고 다양한 브러시 툴은 부족한 편이나, 틸트브러시가 캐주얼한 예술 툴이라면 그래비티 스케치는 보다 세심하고 정교한 기능을 제공한다고 할 수 있습니다.

퀘스트(Quest)로 사용할 때에는 메모리 제약이 있어 PC 에디션에서는 볼 수 있는 특정 기능을 용량 부족으로 보지 못하기도 합니다. 또 일부 유용한 기능들은 월 단위의 유료구독 시에만 사용 가능합니다. 그래비티 스케치는 완성도 높은 3D 모델링이 가능하기 때문에 마음 가는 대로 만들어보는 추상 조형에 활용할 수 있고, 동물을 위한 악기 만들기·바이러스를 지우는 지우개 머신 만들기 등 새로운 아이디어나 문제해결을 위한 가상의 사물을 개발하는 도구로 예술 수업에서 활용해볼 수 있습니다.

[그림 3-3-10] 그래비티 스케치 활용 장면

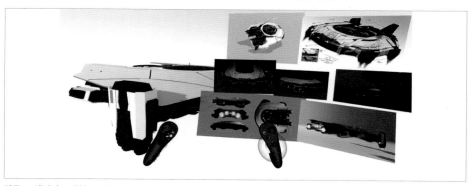

자료: 그래비티 스케치 트레일러. https://youtu.be/0aoUlwZxzow

메타버스 문화예술교육을 위한 툴을 살펴보면 시각예술 중심의 애플리케이션이 문화예술교육 툴의 대부분이라는 것을 파악할 수 있습니다. 음악의 경우 PC나 스마트폰 앱스토어에서 압도적인 비율을 차지하는 악기 연주·DJ 믹싱·작곡 프로그램들이 소수 3D로 구현되기는 하였으나, 그 형식과 내용은 기존 앱과 크게 차이가 없는 정도입니다. 굳이 가상현실 차원에서만 가능한 음악이나 연주가 아직 명확히 요구되거나 드러나지 않은 것으로 추측할 수 있습니다. 무용은 발레나 전통무용 대신 대중음악 댄스를 따라 하는 게임 형태가 주를 이룹니다. 본 책의 제2장에서 다룬 것과 같이 메타버스 영역에서 연극은 이머시브 공연으로 발전하여 관심을 모으고 있지만, 연극 교육만을 위한 가상현실 툴은 아직 눈에 띄지 않습니다. 그러나 이는 시공간과 영역, 역할을 뛰어넘는 메타버스의 특성이 예술에까지 반영된 자연스러운 현상으로 분석할 수 있습니다. [표 3-3-3]의 예술 교육 활용 예시와 같이 메타버스의 다양한 툴은 다양한 장르 및 목적으로 활용될 수 있으며, 비록 시각 영역의 툴로 보인다 하더라도 연극·무용·음악에까지 무한히 확장하여 사용할 수 있습니다. 더불어 주제와 툴, 툴과 툴, 플랫폼과 툴을 연계하고 엮는 방식에 따라 무한한 개수의 예술 교육이 나올 수도 있을 것입니다.

[표 3-3-3] 메타버스 문화예술교육 툴 활용 예시

활용 범위 예시	활용 예시	플랫폼/애플리케이션	문화예술교육 활용 내용 예시
창작 도구 활용		구글 틸트브러시 Tilt Brush[76]	가상현실 드로잉 도구인 틸트브러시를 활용하여 3차원적 추상 드로잉 및 건축·무대미술·타이포그래피 등 다양한 미술교육 프로그램 진행
교육공간 활용		게더타운 Gather Town[77]	예술 교육가와 아이들이 비대면 가상커뮤니케이션 공간인 게더타운에 모여 작곡·조형·연기 수업 등 다양한 예술 교육 프로그램을 진행
전시공간 활용		믐[78]	문화예술교육을 통해 아이들이 그린 그림을 jpg 파일로 변환 후 가상 전시장에 전시하여 누구나 작품을 관람하고 대화를 나누도록 활용
가상 휴먼 활용		제페토[79] [80]	아이들과 함께 극본을 쓰고, 가상세계 속 배경과 가상 인물을 설정한 뒤 연극·단편영화·웹툰 등 다양한 스토리텔링을 진행하는 문화예술교육

76) 틸트브러시 홈페이지(https://www.tiltbrush.com/) video clip: Tilt Brush: Painting from a new perspective.

77) 게더타운 홈페이지(https://www.gather.town/).

78) 믐 홈페이지(https://meum.me/).

79) 제페토 홈페이지(https://www.naverz-corp.com/).

80) 제페토 [단편 드라마] '여자의 변신은 무죄'(https://youtu.be/CCmKULqiZDE).

나가며

현재 기술의 발전 속도는 문화예술교육계와 현장이 기술을 받아들이는 속도를 이미 앞질러버렸습니다. 기술과 관련한 다양한 융복합 정책과 예산들이 속속 마련되고 있지만, 문화예술교육 현장은 발 빠른 수용부터 다른 사람들은 어떻게 하는지 눈치 보기, 알고 싶지 않다는 외면 그리고 예술은 기술로 할 수 없다는 부정적 주장까지 각양각색의 반응이 공존하는 상황입니다. 그러나 2018년 영국 교육부에서 향후 20년 이내에 전체 직종의 90%가 디지털 능력을 필요로 할 것이라고 전망한 것처럼, 이미 대다수의 예술가와 예술 교육가들이 스마트폰과 노트북으로 일을 하고 있으며 가까운 미래 우리는 더더욱 기술과 함께하게 될 것입니다. 이 책은 문화예술교육에서 기술을 바라보는 건강한 인식 틀 마련에 도움을 주고자 출간된 책이지만, 모든 사람들이 이 책을 읽을 수도 없고 수용하는 개개인의 입장과 주장이 다를 수도 있을 것입니다. 그러므로 이렇게 다양한 의견과 인식이 혼재하는 바로 지금이야말로 매우 섬세하고 포용적인 태도와 접근이 필요하다는 것을 강조하고 싶습니다. 이는 문화예술가가 아이들이나 시민들과 만날 때, 문화예술교육 관련 기관과 정책, 행정가들에게 요구되는 것이기도 합니다.

우선 문화예술교육에서 기술 수용은 여러 가지 현상에 관한 동시적 접근과 다양성의 존중 그리고 개방적인 문화 확산을 염두에 두고 진행되어야 합니다. 현재 VR·AR·XR 등 다양한 디지털 매체가 주는 효율성과 가능성을 보며 이를 긍정적으로 수용하고 발전시키고자 하는 예술 교육가보다, 이것을 잘 모르거나 이에 익숙하지 않은 예술 교육가와 학습자들이 더 많다는 것을 가정해야 합니다. 기술과 관련한 도구(Technology Tool)의 전환이 낮음에서 중간, 높음(Low → Middle → High)으로 이어질 때 그 속도가 지나치게 빠르면, 기술 자체가 예술 교육가와 아이들에게 압도감과 위협감을 줄 수 있다는 것 또한 섬세한 접근이 필요한 이유입니다.[1) 기술 vs 예술, 오프라인 vs 온라인과 같이 각각의 영역을 경쟁 구도로 대치시키거나 우위에 두는 것 같은 적대적 구조를 만드는 정책과 지원 운영도 주의해야 할 부분입니다. 일부 기성 예술 교육가와 학부모들의 기술 혐오, 전통적 예술과 교육 방식만을 지향하는 문화는 장기적으로 문화예술교육의 다양성과 기술적 도전, 성장을 저해하고 새로운 알파 세대들과의 소통에도 영향을 끼칠 수 있어 변화가 필요한 부분입니다. 그러나 아직은 이 같은 태도 또한 동시적으로 인정하고 수용하면서 차츰차츰 거리를 좁혀나가는 지혜가 필요합니다. 이를 위해 문화예술교육 정책과 행정을 담당하는 기관이 먼저 문화예술교육의 다양성을 수용하고 개방적인 인식과 태도를 가질 필요가 있습니다. 이는 기존 오프라인 중심의 예술 교육부터 메타버스 문화예술교육에 이르기까지 더욱 폭넓고 다양한 예술 교육가와 예술 교육 프로그램이 상호 존중하고 공생하는 모델이 될 수 있습니다.

---

1) Gina Wong(2020). The Role of Assistive Technology in Enhancing Disability Arts. Vol.16 No.1: Review of Disability Studies: An International Journal.

다음으로는 기술 수용에 따르는 물질적·비물질적 비용을 인정해주고 지원 체계를 마련하는 것이 필요합니다. 기술이 새롭게 바뀌고 상용화할수록 관련 하드웨어와 도구 등을 구축하기 위한 물질적 비용이 크게 요구됩니다. 영국의 디지털 문화 보고서에서는 문화예술 기관이 디지털 활용 시 장벽으로 느끼는 요인을 광범위하게 조사하여 예산 부족(70%), 외부자금 부족(60%)으로 인해 생기는 다양한 구조적 난제들이 있음을 밝혀냈습니다. 특히 문화예술 기관에서 기술을 수용하기 위한 수탁·후원·예산 제공 방안, 프로젝트 종료 이후에도 연구 개발에 지속해서 지원될 수 있는 예산, 분야별 기술 활용 역량을 강화하는 교육 방안, 문화예술 분야의 특정 요구를 이해하는 테크니션 파트너 비용 지원이 요구되었습니다.[2] 또 메타버스와 같은 현상적·문화적 기술 수용 면에서는 이를 인지하고 체험·학습하기 위한 막대한 시간과 감정, 사유와 같은 비물질적 지출도 발생하게 됩니다. 이와 같은 연구에 의하면 문화예술 기관의 디지털 활용의 가장 큰 장벽으로 직원들의 시간 부족(70%)이 예산 부족(70%)과 같은 비율로 나타났습니다. 즉 초기 기술 변화와 수용에서 문화예술교육 관련 직원과 조직, 예술 교육가와 예술 단체 각각 직접 기술을 인지하고 체험하며 학습해야 하고, 이러한 면에서 소요되는 시간적·정신적 비용을 인정해줄 필요가 있다는 것입니다. 비물질적 비용을 인정하지 않는 조직 문화와 정책 사업은 내부 직원 및 예술 교육가들의 조직과 자신을 개발하려는 의지와 열망을 쉽게 꺾어버릴 수 있고, 장기적으로는 변혁 능력 부족에 따른 위기관리에 더 큰 비용이 발생할 수도 있습니다. 그러므로 문화예술교육 관련 기관에서는 메타버스 전환에 따른 물질적·비물질적 비용에 대비하는 구조적 준비가 필요한 것입니다. 하드웨어와 소프트웨어, 장비 구입 예산을 확보하고 기관 내부에서 충분히 메타버스를 학습·체험·이해할 수 있는

---

2) Digital Culture 2014: How arts and cultural organisations in England use technology. P.36 www.artscouncil.org.uk/

공간 및 학습 구조를 마련해야 하며, 이를 업무의 일환으로 인정하고 독려해주는 생산적·개방적 문화를 키워야 합니다.

또한 메타버스 문화예술교육과 관련한 지속적 연구와 개발 지원이 필요합니다. 책 전반을 통해 메타버스를 하나의 도구나 기술적 접목이 아닌, 문화예술 기관·예술교육가·도구·학습자 등의 플랫폼으로서 장기적으로 접근하는 안목이 필요함을 강조하였습니다. 장기적 계획 속에서 이루어지는 메타버스 문화예술 전문 연구와 공유는 메타버스 문화예술교육에 관한 긍정적·부정적 인식 이전에 이미 점점 벌어지고 있는 문화현상 차원의 세대 간 메타버스 이해 간극을 좁혀줍니다. 또한, 환경·도구·유통·경제 등 문화예술교육을 둘러싼 다양한 요소의 변화에 따른 대응책을 마련하는 데 도움을 줄 수 있습니다. 학술 연구, 정책 연구와 동시에 플랫폼별·도구별·대상별 다양한 프로토타입의 문화예술교육 프로그램 개발과 담론이 지속해서 형성되고 이어질 수 있는 환경 마련이 필요합니다. 교육이 기술의 발전과 같은 사회경제적 변화에 발맞추기 위해서는 기술이 잘하는 것과 잘할 수 없는 것을 먼저 인식해야 합니다. 이러한 차이는 이미 인간과 기술이 함께하고 있는 사회 전반에 많은 변화를 초래하였고 그 결과에 따라 업무·사람·환경 간의 관계도 꾸준히 변화하기 때문입니다.[3] 물질세계로 이뤄져야 하는 예술 교육과 메타버스로 이뤄져야 하는 문화예술 교육을 선택하는 역량은 다양한 실험과 도전을 통해 개발 가능하므로 다양한 프로토타입의 인정과 함께 장기적 과제로 접근하는 것을 허용해야 합니다.

예를 들어 추상적인 작업·수동 작업·복잡한 맥락이 존재하는 작업·윤리적 판단

---

3) OECD(2020). OECD Future of Education and Skills 2030.

이 필요한 작업에서는 인간이 능숙한 반면, 반복적이고 패턴화한 매뉴얼이 존재하는 경우 인공지능과 같은 기술이 더 효율적이고 능숙함(Autor & Price, 2013[4]; Luckin & Issroff, 2018[5]).

즉, 기술의 이해도에 따라 음악 교육에서 아이들이 작곡한 음악을 가지고 1시간 동안 '오선지에 악보 그리기'를 할지, '악보는 애플리케이션이 그리고 나만의 화성 만들기'를 할지와 같이 수업 방향과 활동이 전혀 달라질 수 있습니다. 이를 위해 메타버스 문화예술교육과 관련한 지원 사업에서는 도출된 수업 내용뿐만 아니라 수업을 위해 얼마나 실험하고 도전하였느냐를 일종의 평가 항목으로 추가하는 것도 고려해볼 수 있습니다. 또 결과를 요구하는 지원 사업과 별개로, 메타버스 활용 경험과 관심도가 높은 현장 예술 교육가 모임을 다양한 기간·다양한 형태로 구성하여 실험적 문화예술교육 프로그램을 개발하고 지역 문화예술 교육가들에게 재공유하는 과정을 지원한다면 실험과 도전의 문화를 확산하는 데 도움이 될 것입니다.

결국 '메타버스 문화예술교육'은 상위 범주인 '문화예술교육'의 하나로, 지금까지 문화예술이 이어온 궁극적인 본질과 가치는 메타버스 문화예술교육에서도 다를 바가 없습니다. 모든 예술이 VR·AR·메타버스 플랫폼에 적합하지는 않을 것이고, 이 또한 다양한 차원의 기술적·예술적 연구와 실험을 통해서만 체득하고 쌓여갈 수 있을 것입니다. 문화예술교육이라는 큰 틀 속에서 메타버스 문화예술교육을 수용하되 다양한 방식과 교육 내용을 존중하고, 더 나아가 메타버스가 아직 실험 단계인 만

---

4) Autor, D. and B. Price(2013). The Changing Task Composition of the US Labor Market: An Update of Autor, Levy, and Murnane(2003). MIT Mimeograph.

5) Luckin, R. and K. Issroff(2018). Education and AI: Preparing for the future(http://www.oecd.org/education/2030/ 접속일자: 2021.12.23.)

큼 메타버스 문화예술교육도 초기 프로토타입이라는 것을 인정해주는 문화, 과정에서 실패하거나 어려웠던 사례까지도 존중하여 DB로 구축하는 문화, 이를 서로 공유하여 함께 실패의 시간을 줄이고 교육의 질을 높이는 데 집중하는 문화가 뒷받침될 필요가 있습니다. 이는 비단 문화예술교육의 성장 발전뿐만 아니라, 새로운 세대의 아이들에게 안전하고 익숙한 방식에만 머무르지 않고 실패하더라도 도전하고 창조하는 예술 교육가의 모습을 가장 가까이에서 보여주고 모델링할 수 있는 기회까지 제공할 수 있을 것입니다.

　이 책은 메타버스 문화예술교육 연구가 미비한 가운데 기술 수용에 혼란을 느끼는 현장 전문가들이 조금이라도 먼저 인식의 틀을 마련하고 방향을 설정하는 데 도움을 주고자 출간한 책입니다. 이 또한 메타버스 문화예술교육의 수많은 연구 가운데 하나의 프로토타입이 될 수 있게 더 많은 현장 전문가와 예술가, 예술 교육자들이 다양한 실험과 연구를 쌓아나가고 도전해나가기를 바라고 기대합니다.

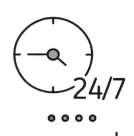

24/7